人生を拓く 廣池千九郎の言葉

第1集

『道徳科学の論文』第七冊に学ぶ

モラロジー研究所❖編

財団法人モラロジー研究所

刊行にあたって

『道徳科学の論文』(『論文』)は、法学博士・廣池千九郎《ひろいけちくろう》(一八六六〜一九三八)が新科学モラロジー(道徳科学)を創建するにあたり、その最初の試みとして昭和三年(一九二八)に公刊した学術書です。『論文』は、モラロジーと最高道徳を学ぶための必須の書物であり、かつ道徳を実行するうえで、私たちにさまざまな示唆《しさ》を与えてくれます。

しかし、モラロジーを学ぶ人々の中にも、『論文』の講読が大切とは知りながらも、日々の多忙な生活によって、そのページを開く時間を見いだせないでいる方が多いのも事実です。そうした人々、さらにはすでに学んだことを折にふれて再確認し、日々の実践に生かしたいという人々に向けて、短くとも、確信に満ち、力強い廣池千九郎の言葉を集め、モラロジーと最高道徳の学習とその実行の一助となるようにとの願いから、本書を刊行するに至りました。

本書は、現在、全十冊(著者の学問上における経歴を含む)にまとめられた新版『道徳科学の論文』の第七冊に収録された文章から、身近でモラロジーの理解に役立つ言葉及び人生の指針となる言葉を抽出し、主題ごとに分類し編集したものです。この第七冊には、第十四章「最高道徳の原理・実質及び内容」の第一項から第九項が収録されていて、「最高道徳の淵源」「最高道徳の範囲」「最高道徳の実行を必要とする理由」「正義及び慈悲の作用」「義務の先行」「最高道徳実行の基礎的原理」「伝統を重んじること」等が述べられています。

本書は、原則として原文の記述の順序に従い、原文の文意を変えないように、用語・表現等を一部整理してまとめました。しかし、収録した言葉は、大きな文脈の一部を取り出したものですので、言葉の真意を深めていただくためには、ぜひとも新版『論文』の原文もお読みいただくことをお勧めいたします。

一人でも多くの読者が、本書を通じて廣池千九郎の叡智《えいち》を味わい、最高道徳実行のいっそうの励みとしていただくことを願ってやみません。

平成二十年四月二十五日

財団法人モラロジー研究所道徳科学研究センター 教材開発室

『道徳科学の論文』講読のすすめ

財団法人モラロジー研究所常務理事　松浦 勝次郎

標準と感化

モラロジーを学び、最高道徳の実行を志す人たちには、特別の使命があります。その使命の中心は、自己本位の利己的な考え方・生き方を改めて、最高道徳の慈悲心を養うことにあります。その最高道徳の心の修養に欠くことができないものが二つあります。その一つは、確かな正しい標準を持ち続けること、もう一つは、求めて高尚な品性を備えた人からの感化を受け続けることです。『道徳科学の論文』（以下『論文』）には、正しい確かな標準と、人の心に活力を与え続ける強い感化力の両方が備わっています。『論文』は、繰り返し何回読んでも、つねに、新しい発見と感動があります。しかし、どこを読んでも、また、その発見と感動が前回同じ頁を読んだときと異なるものであっても、その根幹には一定不動の確かな標準があります。また、『論文』には、廣池千九郎博士の実行の生命が宿っていて、直接触れることができる生きた人から受ける以上の感化を人に与える力があります。廣池博士が、「普通一般の立派な人」と非常に違うところは、今も、ご存命中と変わらない、強く深い感化を人に与える力をお持ちであることです。

私が、これまでにお世話になりご指導を戴《いただ》いてきたモラロジーの先輩の先生方は、最高道徳の本質を大変深く理解されていて、揺るがない確かな標準を持ち続けて最高道徳を実行されました。そのどなたもが、その信念と実行の基礎として、つねに『論文』を読み、廣池博士のお言葉によって、モラロジー・最高道徳を学び直し学び続けておられました。私も、先輩の先生方に倣《なら》って、若いときから、これまで長く、多くの仲間と共に、『論文』によって、モラロジー・最高道徳を学び続けてきました。そのことによって、私は、廣池博士の門に入れて戴き、精神の子供にして戴くこともできましたし、これまで、つねに助けて戴き守って戴いてきたという確かな実感があります。

「精神の子供」にしてくださる

廣池千九郎博士ほど、長い将来にわたって、道を求める人たちを助けるために、ご自身の精神生活のありのままを、誤りなく伝わるようにあらゆる工夫と努力を重ね、実際に遺《のこ》された人は他にありません。求める人が教えを正しく学び博士のご実行の生命に触れるための手がかりとして、限りなく多くを遺されましたが、その中でも特に『論文』は、後世の私たちも、求めれば、廣池博士の門に入れて戴き、博士の生命ある救済心に触れ、感化を戴けるように、真実の親心から、深い思いと願いを込めてお遺しくださった最も重要なご自身の実行録です。

『論文』の内容の実質は最高道徳の心づかいであり、すべて廣池博士ご自身がみずから実行され実現されたことです。『論文』は、廣池千九郎博士の精神生活のありのままの自伝でもあるのです。私たち一人ひとりを助けるためにお遺しくださったお言葉につねに触れることによって、博士のお心につながり、博士に毎日出会うこともできます。

迷ったとき、困ったときに、分からないことは何でもお尋ねすれば教えてくださいますし、今も、博士のお言葉に触れることを通して、日々、博士に反省や実行を報告することもできます。廣池博士は、求めれば、今も、私たち一人ひとりを精神の子供にしてくださるのです。

「あなたのところへ行ってあげよう」

廣池千九郎博士は、真に人を助けるために、真心を込め、周到に心を配られ、永続を期して、真に意味ある多くの事業に道を拓《ひら》かれ、後世に遺してくださいました。

廣池博士が、昭和七年に大阪で開催された第一回モラロジー講習会の会期は二週間、昭和十二年に谷川で行われた第一回幹部講習会は一週間、昭和十年に開かれた道徳科学専攻塾は、学生対象の本科が五年、社会人対象の別科が百日でした。それは、モラロジーによって人の心が開発されるためには、初心者の入門にも二週間、特別の目的のための研修会でも一週間、原典に基づいて系統的・秩序的に、モラロジー・最高道徳の全体を学ぶためには、学生は五年間、社会人でも百日間、家を離れてそれに専念することが必要であるということで、そのことは今も変わらないと思います。

モラロジーを学んでいる人たちでも、今、それだけのことができると思っている人はほとんどいません。それが必要であるのに、今もしそれができないなら、今直ぐに誰もができることで、『論文』によって、毎日、正しい標準を学び直し学び続け、毎日、廣池千九郎先生と出会い、先生のお心に触れる以上のことはないでしょう。求めれば、先生は、今も『論文』によって、「あなたのところへ行ってあげよう」と、どこへでも来てくださってお話しくださるのです。

「精神の親」の願い

『論文』を毎日読めば、毎日、先生に出会うことができ、先生のお話を聴くことができ、実行の報告をすることもでき、相談もできます。その必要を自覚し、決心をして毎日読み続けても、初めの一年くらいは辛抱・努力がいります。しかし、私心を去り素直に公平な心で、よい辞書で言葉の正しい意味を確かめつつ、正しく読むことを心がけて、本気で三年続ければ、『論文』から離れることができなくなります。

『論文』から、つねに心がけて学ぶことの主眼は、最高道徳の心づかいです。決してやめないと心に決めて続けることが肝要《かんよう》ですが、そのためには、全巻読むことをめざし、少しずつでも毎日読むこと、つねに求めて先輩から学ぶこと、共に学ぶ仲間をつくり仲間を大切にすることです。

廣池千九郎先生の門人になるために、まず初めにできることは、『論文』全巻を買い求め、つねに身近に備えておくことです。『論文』は全巻で『論文』です。重要な個所には、必ず注として他の参照すべきところが指示されています。特に「必ず参照」と注記されているところもありますから、全巻がつねに手元にないと、『論文』を正しく読むことは大変難しいのです。

『道徳科学の論文』の第一緒言・第七条（新版『論文』①序文一〇四～一〇五頁）には「本書は数回の通読を要し且つ公平なる精神を持してこれを見るを要す」とあり、「その含蓄《がんちく》するところの意義は極めて複雑にして且つ難解を免れぬことと思います」、また「いかに賢明なる御方にても、単に本書の一部分を読むか、もしくはたといその全部にわたりて通読さるるにせよ、ただ一読のみにてはとうていその真髄《しんずい》を体得さるることは不可能ならんと存じます」と記され、さらに「希《ねが》わくば再三再四あまねくご通読くださらんことを」と記されました。これらのお言葉からも、私たち「精神の子供」に向けられた、「精神の親」としての深い親心が伝わってきます。

先生は、私たちが、一度心を決めて読み始めても、難しいからといって中途でやめそうになることや、一回だけあるいは一部分だけ読んで分かったような気になりやすいことや、自分の標準で自分勝手な読み方に陥りやすいことなどもよく承知しておられて、そのうえで、難しくても、何よりも大切なことだから、公平な精神で、全巻を何回も何回も読み直し読み続けてくださいと、真実の救済心から「精神の子供」である私たちにお願いしてくださっているのです。

平成二十年四月吉日

装丁　山田英春

人生を拓く廣池千九郎の言葉〈第一集〉　目次

刊行にあたって　1
『道徳科学の論文』講読のすすめ　松浦勝次郎　3
1　普通道徳　17
一、普通道徳の限界　18
二、利己心について　23
2　精神作用（心づかい）と人生　29
一、人間の精神作用について　30
二、最高道徳における精神作用　31
三、事業経営・団体運営の心構え　33

3　道徳の実行　39
一、道徳実行の動機と目的　40
二、道徳実行の意義　47
三、道徳実行の要諦　54
四、道徳実行の効果　62
五、道徳実行の留意点　66
六、道徳実行と品性　71
4　自我没却　75
一、自我はどのように表れるか　76
二、自我没却の方法と意義　80
三、自我没却の効果　87
四、服従するということ　89

5 正義と慈悲 97
一、正義について 98
二、正義と慈悲 103
三、慈悲について 109

6 神・聖人に学ぶ 121
一、自然のはたらき・自然の法則 122
二、聖人に学ぶ 124
三、神（本体）のとらえ方 130
四、神に対する信仰 133

7 義務先行 141
一、権利と義務を考える 142

二、義務先行の意義 143
三、忠誠努力について 145

8 伝統報恩（伝統尊重）―― 147

一、伝統について 148
二、伝統報恩の原理 152
三、伝統報恩の意義 154
四、伝統報恩の方法 163
五、伝統報恩の効果 166
六、孝行について 168

9 幸福の実現について ―― 171

索引 175

〈凡　例〉

一、各文章に付してある見出しは、原文の趣意を受けて新規に作成した。
一、文意を明確にするため、一部に調整を施した箇所もある。
一、原資料に付してあった意味仮名は、すべて左側に統一した。
一、各文末の（　）内の数字は、新版『道徳科学の論文』第七冊での掲載ページを表している。
一、「注」は、特に必要な語句だけに限定した。
一、編者の付けた注は文中に〔　〕で示した。

1

普通道徳

一、普通道徳の限界

(1) 普通道徳実行の価値は少ない

知的に何事においても自ら謙遜《けんそん》して控え目にするがごときことをもって、自らは道徳的と考うるでしょうが、結局、それによりて自己の名誉を維持しようという一種の利己心が混じておるのでありますから、これは普通道徳にすぎずして、その道徳実行の価値は少ない。（九六頁）

(2) 普通道徳は実行する人の肉体を害する

普通道徳のものは、外形を重んずるが故に、その心中においては、憤怒《ふんぬ》・怨《えん》恨《こん》・驚愕《きょうがく》・憂愁《ゆうしゅう》を感じておっても、外面には厳然として緊張して、かかる感

情を抑制しておるのですから、肉体を害し且つ知らず知らずその所作《しょさ》が醜くなる。（二一一頁）

(3) 学力・知力・体力・金力・権力のみでは真の好果をもたらさない

学力・知力・体力・金力・権力・交際力もしくは普通道徳等は二十世紀の人間のすでに知悉《ちしつ》し、且つ実行して、それによって生存競争をしておるものですが、これらは幾度もいえるように、決して真の好果をもたらさないのであります。（二一八頁）

(4) 「喜怒色に現さず」は無効な行動である

従来の普通道徳では、たとえば「喜怒《きど》色に現さず」ということをもって最上としておりますが、かくのごときは、第一、自己の肉体を害し、第二、相手方

や第三者の感情を依然として解くことが出来ませぬ。それ故に、これは全く無効な行動であってつまらぬことです。（二三一頁）

(5) 現代人の大部分は自然の法則を軽んじ、人為の法則等に対して服従の念が薄い

現代の人はその大部分が極めて横着にして、神〈本体〉の存在を認めず、自然の法則を軽んじ、聖人の教訓を疑い、且つ人為の法則、すなわち法律・慣習・礼儀・約束及び自己の上に立つ人々の教訓もしくは命令等に対して服従の念が甚だ薄いのであります。しかしながら、かくのごとくなるも、ある程度までは別に目に見ゆる応報なかるべきも、その軽微なる犯行の累積が各自の肉体及び運命に打撃を与えつつあることは疑いなきところであります。（二二〇頁）

(6) 自己保存の精神による人間の行動及び事業は孤立的である

神及び聖人の教えに基づかずして、単に人間の本能より発達せるところの自己保存の精神より割り出せる人間の行動及び事業は、たとい幾百万人と連盟しもしくは結合しつつあるも、その関係者はみな各自の自己保存の精神の上に立っておるのでありますから、その各自の精神及び立場はことごとく孤立的であります。（二七六～二七七頁）

(7) 人間の力をもって克つものは他の強力者に敗られる

現代における個人の力と徳とのみを標準として主権者の資格を争いもしくは政権を争うごとき方法は、みな人間の利己心に基づく一時的利害の打算より出《い》でたる政策にして、これを聖人の教えより見るときには、人類の真の生存・発達及び幸福実現の原理に背《そむ》き、且つ世界の真の永遠の平和実現の原理に背くも

のであるのです。すなわち人間の力をもって克《か》つものは後日ついに他の強力者に敗《やぶ》らるるものであります。(三一三頁)

(8) **自己の健康・長寿・開運等は、ある程度以上はどうすることも出来ない**

自己の健康・長寿・開運・その他子孫の永続等のごときことに至っては、国家の力も、貴族の力も、父母の力も、金力も、権力も、学力も、知力も、ある程度以上にはこれをいかんともすることが出来ぬのであります。(三八〇頁)

二、利己心について

(9) 本能的に自己の血縁を愛せても、感情や利害関係の衝突によって相互に敵となる

本能的に自己の血縁を愛するごときことは上下一般に行われておるところなるも、感情もしくは利害関係の衝突によりては直ちに相互に敵となる。（九三頁）

(10) 利己的精神による道徳は健康・寿命・人望を害し、更に他人を苦しめる

利己的精神の上から緊張的に忍耐し、克己し、もしくは熱心するときには、その人の健康・寿命を害し、且つ人望を害し、更に他人を苦しむるに至る。（一一一頁）

⑾　**利己心の弱点は、尊敬すべき恩を忘れ、私恩に忠義を尽くすことにある**

人間の利己心は眼前自分に利益を与うる人を恩人としてこれに服従するに至るものなるが故に、その弱点は人間の最も尊敬をせねばならぬところの神とか、聖人とか、君主とか、祖先とか、父母とかその他の伝統(注)もしくは準伝統の系列たる恩人とかに向かっては、その恩を忘れ、かえって後日には自己を害するごときものの私恩に感激して、そのものに忠義を尽くすようになるのであります。

（二八九頁）

（注）伝統

モラロジーでいう「伝統」は、人類の生存・発達・安心・平和・幸福の実現のために貢献してきた、人類共通の恩人の系列を意味しています。伝統には三つの種類があり、家庭生活の恩人である父母および祖先を「家の伝統」、国民生活の恩人であり、国家統一の中心的役割を果たす存在・系列を「国の伝統」、精神生活の恩人の系列を「精神伝統」としています。また、これに準じて、社会生活上の恩人を「準伝統」として尊重します。

⑿ 従来の愛国の思想は、常に国際間において感情・利害の衝突をなす

すべて従来の忠君もしくは愛国の思想は人間利己心の変形たる団体心、自国自慢の心、外国に対する憤怒《ふんぬ》・怨恨《えんこん》・嫉妬《しっと》もしくは復讐心その他不純なる利己心の基礎に立っておるのであります。されば、その究極のところに至れば、一死君恩もしくは国恩に報ずるという純潔な精神状態を呈すれど、その平素における国家観念は甚だ不純なるが故に、第一に、常に国際間において相互に感情もしくは利害の衝突をなし、ついに悲惨なる国際戦争を惹起《じゃっき》するごときことが出来るのであります。かくては平素すべての人間が衛生を重んじ、倹約をなし、子供を大切に育てておっても、最後の幸福を得ようとしておる予期に反して、その財産は大砲もしくは小銃の丸《たま》となって煙と消え、美麗なる都会は飛行機の投弾によって一夜の間に焦土《しょうど》となり、せっかく育て上げたところの子供はみな戦場の露となりおわるのであります。（二九八頁）

⒀ **思想悪化の根本原因は、従来の忠・孝等が利己心の上に築かれたところにある**

従来の忠・孝及び報恩は人間の利己心の上に築き立てられたところの道徳でありますから、種々なる異端説がその人の利己心を刺激するときには、直ちにその忠・孝及び報恩の念は動揺してこれに変化を来たすのであります。現代世界の思想悪化の根本原因は全くここにあるのです。（三八四頁）

(14) 因襲的道徳（普通道徳）**における感謝・奉仕は、私的恩恵に対する報恩にすぎない**

従来の因襲的道徳における感謝とか、奉仕とか、もしくは日本の武士道における忠義とかは、みな人間の利己心から発達し来たったものでありますから、その報恩の標準が利己的であって、公平無私なる大宇宙の真理と一致しておらぬのであります。すなわち多くは私的恩恵に対する報恩にすぎないのであります。（四一九頁）

(15) 人間の利己心に基づく行動は孤立的で、相互衝突を免れない

すべて人間の利己心に基づくところの行動はみな孤立的であります。何となれば、人間の利己心に基づくところの行動はもとより自己の精神に一定の標準なく、ただ外部に存在するところの利益を目的とするものなれば、各人の間にみなことごとく利害もしくは感情の相違を有しておるのであります。故に、一朝、その各人の希望に反する場合には相互衝突を免れぬのであります。（四二〇〜四二一頁）

2　精神作用（心づかい）と人生

一、人間の精神作用について

⒃ **精神作用の累積は自己自身と事業に影響する**

日常の小事に対する精神作用の累積は直接には自己の健康・長命及び人望に影響し、且つ己《おの》が従事する事業の成敗《せいはい》に関係する。（三七頁）

⒄ **好悪をもって行動することは道徳的ではない**

いかなる場合にも、単に自分及び自分と同利害のものの好悪《こうお》《すききらい》をもって行動することは道徳的でありませぬ。（三九頁）

二、最高道徳における精神作用

⒅ **最高道徳では人間の精神のみを改めさせる**

最高道徳にては、たとい人間の行為に不善あるも、これに対しては仮に現状を持続することを許し、その精神のみを改めさするのであります。かくてその精神が根本より改まってくるときは、自然にその悪習癖も改まるのであります。

（四三頁）

⒆ **最高道徳を理解すれば、愉快・円満な生活と四囲への感化が出来る**

いかなる人、いかなる事情の中に住する人でも、ひとたびその精神に最高道徳の原理が真に理解されたならば、たちまちにして自己の胸中に一大光明の天地が開展されまして、その自己を囲繞《いじょう》しておるところの社会に交わりて、最も愉快に且つ円満にその生活を持続しつつ、四囲の人々を感化することが出来るのであります。（四八～四九頁）

⒇ **最高道徳は精神的に実行するもの**

最高道徳は精神的に実行の出来るものでありますから、四囲の事情のいかんによらず自己の精神に最高道徳を体得することが出来ましたならば、その四囲の事情に適応する方法に至っては、これを発見することは容易であります。（四九頁）

㉑ **精神が最高道徳的に鍛錬されれば、どんな難事も感謝して受ける**

最高道徳的にその精神が鍛錬《たんれん》されておったならば、真の慈悲心あるが故に、いかなる難事に遭遇《そうぐう》するも、みな精神的に自己反省し、且つかかることも結局神の自分に対する恩寵《おんちょう》的試練として、喜び且つ感謝してこれを受くるのであります。（一一一頁）

三、事業経営・団体運営の心構え

㉒ 最高道徳は独立独行を尊ぶ

最高道徳の原理は、すべていかなる事にも独立独行を尊び、不確実の事業はもちろん、いかなる善事にても、みだりに軽々しくこれを他の人と合同して行うことをば許容せぬ。（四〇頁）

(23) 自己の運命が拙くては、いかなる事業も故障を生じる

いまわれわれが仮に一つの商業を始めんと欲するならば、まず最高道徳的に自己の品性を高めて積徳を行うことを心懸け、もってその運命を改造すべきでありましょう。その運命が拙《つたな》くては、いかなる事業を始めても、あるいは損失をなし、あるいは種々の故障を生じ、ついに収支相償《あいつぐな》わざるに至るのでありま す。かくては、急いで開業するも、またその事業に熱中するも、何の効果もないことであります。（一七七〜一七八頁）

(24) 従業員には品性の善いものを集める

いかなる事業にても、自己一人の力のみにては、なしがたきものであります。故に助手・事務員・店員もしくは職工の類を傭《やと》わねばならぬのです。されば、これらの人々は全く自己の手足たるべきものであります。それ故に、まずその

多数を集むるよりは、品性の善きものを集むることに注意し且つこれを道徳的に感化して、自己と一心同体たらしめねばならぬのであります。（一七九頁）

⑵5 **従業員を道徳的に教育しなければ内部の統一を欠く**

現今社会の実状を見るに、（中略）その手足たる人々〔従業員〕に対して、その品性を検査することなく、少しもこれを愛護する念なく、且つこれを道徳的に教育するものはないのであります。ここにおいてその手足のものより反対を受けて、まず内部の統一を欠き、その甚だしきものはいわゆる労働問題その他種々の紛擾《ふんじょう》を醸《かも》し来たるのであります。（一七九頁）

⑵6 **処世法の根本原理は高き品性を造ることにある**

自己の一身を処するにも、もしくはいかなる事業を経営するにも、まず自己の高き品性の形成を主となし、その内部を充実しなければ、決して真の成功及び幸福を招来することは出来ぬのであります。故に処世法の根本原理は、まず自己の高き品性を造ることにあるので、いったん自己の品性を完成し、且つ自己の補助者を道徳的に同化せしめ、もって自己の事業の基礎を確立せば、その余の枝葉は座して成るべきであります。(一八〇頁)

⑵⑺ **農・工・商業に従事するものは、関係するすべてを神の一部分と見なす**

農・工・商業に従事するものならば、その使用するところの器具及び生産品に対してもこれを単なる物質と見ずして、これを神の一部分と見なし、これが処理をなすに当たりてはつとめて敬虔《けいけん》の心を用うるのであります。且つ他人に対して契約もしくは取り引きをなすにも、その相手方を神の一部分として尊敬するはもちろん、その物質をもまた神の一部分と見なすのであります。(二四

九〜二五〇頁）

⑳ **伝統の観念なき団体はみな紛擾を極めている**

従来普通の社会にて行わるるところの諸団体にはこの伝統の観念というものがなくして、これを譬《たと》うれば、植物の根と葉との関係のごとく、その生理的連絡はあるも、心理的連絡がないのですから、感情問題や利害関係にて離合常ならず、政党でも、労働者の団体でも、社会主義の団体でも、商・工業者の団体でも、教育者の団体でも、みな絶えず紛擾《ふんじょう》を極めておるのであります。（三八二〜三八三頁）

3　道徳の実行

一、道徳実行の動機と目的

⑵⑼ 最高道徳の動機・目的は自己の最高品性の形成にある

最高道徳は世界の諸聖人が宇宙根本唯一の神の心〈すなわち後文にいわゆる慈悲心〉を体得して実現せるところの道徳であって、自己の最高の品性を形成せんとする動機及び目的から出発しておるのであります。それ故にこの最高道徳の実行もまた結局は自己の保存及び発達にその基礎が置かれておる形にはなっておれど、しかもそのいわゆる道徳実行の動機及び目的は、自己の過去における過失及び罪悪の解脱《げだつ》に存在しておるのであります。（四頁）

(30) 道徳実行の動機・目的は自己の贖罪にある

自己の道徳の実行、換言すれば、自己の道徳的生活は全く自己の過去における贖罪《しょくざい》のために働くという聖人の教えに基づけるものであります。かくのごとく道徳の実行が消極的なる動機及び目的に立脚することが、非常に自己の最高品性を完成するに貴重なる方法になるのであります。（四～五頁）

(31) 最高道徳は自己の利益獲得を目的としない

最高道徳においては、直接に自己の健康・長命・開運・名誉もしくは利益の獲得を目的として行動するのでなく、その獲得は、自己の品性成就の後、間接に来たるところの自然の結果とするが故に、最高道徳はその実行の動機及び目的が従来の普通道徳のごとくに利己的でないのであります。（五頁）

(32) 道徳実行の結果を神に捧げる

人間の精神を最高道徳的に改むるということは、その道徳実行の動機及び目的を神の慈悲心に一致させ、次に自己の道徳実行の結果を神に捧《ささ》ぐる意味であるのです。(二一〇頁)

(33) 最高道徳の実行は、真の正義と慈悲を実現することにある

真の正義(注)及び慈悲は結局、神の心に淵源《えんげん》するものであるということが出来ます。かくていわゆる最高道徳の実行とは実にこの慈悲と正義との両者を適当に調和し、且つ適当なる方法によって、これを人間社会に実現することにあるのです。(五〇〜五一頁)

（注）真の正義

真の正義とは、宇宙自然のはたらきに基づくもので、「万物を生成化育する公平無私な精神」を指します。

(34) 贖罪のためという消極的精神で行う最高道徳が真に尊い

私どもが重きを置くところは、自己の過去における贖罪のために自己の利己的精神を改めて真の慈悲心となり、もって犠牲を行うということにあるのです。かかる消極的精神で行うところの最高道徳が真に尊いのであって、結局、偉大なる品性を造り、おのずから幸福を得るようになるのであります。（一二二頁）

(35) いかなることにも自己に反省し、自己の品性完成に心を用いる

私自身〔廣池《ひろいけ》千九郎《ちくろう》〕は真に徳の足らぬものでありまして、過去十数年間においてかかること〔憤怒《ふんぬ》叱責《しっせき》して威嚇《いかく》すること〕に幾十回遭遇したか分かりませぬが、いつも自己の徳の不足を反省して、神及び諸聖人に謝罪いたし、ただに精神的のみならず、物質的にも損害を負担したことは枚挙《まいきょ》に遑《いとま》なく、ことに一度は生活の根本をさえ覆《くつがえ》されたことがありました。しかしそのときにも全然自己に反省して、ただ自己の品性完成にのみ心を用いた結果、かくのごとくに無事に今日に及んでおるのであります。(一三一～一三二頁)

(36) 一切の行為は義務先行的でなければならない

人類の一切の行為は、結局、当該負債償却のためでなければならぬのでありますから、私どもの精神作用及び行為は常に義務先行的でなければならぬのでありますす。かくてはじめて人間の生存及び発達の根本原理が実現せらるるのであります。(一四一～一四二頁)

(37) **最高道徳では、いかなる場合も他人の幸福を図ることを根本的目的とする**

最高道徳はすべて古聖人の教訓に基づき、いかなる場合にも、わが精神の奥に人心の開発もしくは救済の念を有して、他人の幸福を図ることを自己の根本的目的となし、「苦労はわが身これをなし、その結果はこれを他人に与えて一切の人々を幸福にしてください」と神に願うのであります。(一八八頁)

(38) **品性を向上させるには、神の慈悲心に道徳実行の動機と目的を置く**

道徳を実行し、自己の品性を向上せしめ、延《ひ》いては社会の人心を啓発して真の幸福をこの世界に現出せしめんには、世界諸聖人の教うるところの神の慈悲心を体得し、そこに道徳実行の動機及び目的を置かざるかぎり、とうてい不可能のことであります。(二四一頁)

⑶⑼　**自己の努力の結果として神様より天爵をいただくことを目的とする**

モラロジーの原理にありては（中略）自己の努力の結果としては神様より天爵すなわち好運命をいただきて、健康・長命・開運及び万世不朽の家運の四つを授けらるることを目的とするのであります。（三五五頁）

⑷⑽　**最高道徳の実行は「天爵を享受する」ための原因をなす**

最高道徳の実行は「天爵を享受《うくること》」の原因をなすものにて、そのいわゆる天爵とは人間の力にて授け得ざる事項であるのです。すなわち健康・長命（すなわち人間の生命）それと家運の万世不朽はいかなる財力でも権力でも買い得ぬものでありましょう。（三六〇頁）

二、道徳実行の意義

⑷ **競争の余地があるのは、道徳の実行のみである**

文明の進歩とともに、人間の知識も、技術も、富もその他事業上の施設経営の方法も、みな進歩し、今日においては、何人《なんぴと》もこの点においてはほとんど遺《い》漏《ろう》なく、その全力を提出して競争しておるのです。しこうしてこの上に更にいま一つ競争の余地の存しておるのは道徳の実行のみでしょう。(一六八頁)

⑷ **最高道徳の実行はモラロジーの生命**

最高道徳に至ってはこれを実行せねば、自己の品性を完成し、幸福を享受し、且つモラロジーの究極の目的を達成することは出来ぬのでありますから、その

実行はただに最高道徳の生命であるのみならず、更に研究と理解とを主とするところのモラロジーの生命である。(一四頁)

⑷③ **最高道徳に関する知識はみな生命を含蓄している**

最高道徳は自然と人間との法則に関する最高知識にして、同時にこれを実行することを要するものであるのです。しこうして世界の聖人及び準聖人はつとにこれを実行せられており、且つ浅学菲徳《せんがくひとく》なれども、私が二十年来古聖人の足跡を践《ふ》み、躬《み》親《みずか》らいささかこれを実行して、もって今日あるを致しておるのであります。それ故に当該モラロジーの最初の著書たる本書において説かれてある最高道徳に関する記述は、言々句々《げんげんくく》みな生命を含蓄しておるのであります。しこうして真に生命を有するところの最高道徳の種子はこれを他人の精神へも移植し得る可能性を有しておるのであります。(一四頁)

(44) 最高道徳の実行者は生存競争の最後の勝利者となる

〔最高道徳を〕実行すると否とは各人の自由なれど、これを行う人は生存競争の最後の勝利者となりて幸福を得、これを行わぬ人は今後の時代に錯誤《さくご》して滅亡してしまう。（四七頁）

(45) 報恩・報酬を相手方に求めない故に品性を高尚にする

報恩もしくは報酬を相手方に求めざるが故に、自己の精神平和にして且つその品性を高尚ならしむることを得る。（九〇頁）

(46) 人心開発救済への努力を惜しまぬ精神・行為が品性を高める

何人《なんぴと》に対し、何事に当たりても、人間精神の開発に役立つことか、もしくは人間精神の救済に役立つことならば、これに対して努力を惜しまぬという精神

及び行為は、時々刻々にその品性を高め、その結果、自己の徳を増殖することが出来る。（九〇頁）

(47) **他人への犠牲的行為は自分を助けるもの**

最高道徳においては自己の犠牲的行為をもって他人を助くるものとなさずして自己を助くるものとなす。（一二八頁）

(48) **一切の道徳的行為は自己の贖罪のために行うもの**

最高道徳においては何事をなすにも、これをもって他人のため、国家のため、もしくは社会のために働くなどといわないのであります。一意自己の過去における、神に対し、人に対して無意識的もしくは有意識的に犯せるところの罪の贖《つぐな》いと、更に自己の将来の品性完成のためとに、犠牲を払うのであるという精神作用によって、最高道徳的努力をするのであります。したがって最高道徳では、一切の道徳的行為を、「他人のためにこれをする」といわずして、「自己のためにこれをする」というのですから、「してやる」といわずに「させてください」とか「させていただく」とかというのです。（一二九頁）

(49) 人類の行動は自然の法則に支配されるとの観念をもつことである

人類の行動は自己がこれをなすにあらずして自然の法則〈すなわち宗教的にいえば神の力〉に支配せらるるものなりとの観念をもって最高道徳の実行的原理となす。（一七一頁）

(50) 最高道徳は自分の苦労の結果を他人に頒つことである

最高道徳の実行的原理は自ら苦労してその結果を他人に頒《わか》つの精神及び行為

によりて表現せらる。（一八四頁）

(51) 最高道徳は秩序尊重の精神と行為によって実現される

最高道徳の実行的原理は人間の秩序尊重の精神及び行為によりて実現せらる。（一八八頁）

(52) 最高道徳はすべての人間に真正な人格及び権利を獲得させる

最高道徳においては各人の自我を没却させ、伝統及び準伝統に対してはもちろん、その他のものに対しても、なるべく絶対服従すべきことを要求すれど〈上のものといえども下のものの総意に服従することを教う〉これはその人のために永久に不利益なるところのその人の旧人格を棄て去らせて、新たにその人のために精神的及び物質的幸福を生み出《い》だすところの新人格を与えんとする目的でありますここをもって最高道徳はすべての人間をして真正なる人格及び権利を獲得さするところの安全且つ確実なる道徳であるのです。（二〇五頁）

(53) 疾病・大困難に遭遇した際の廣池千九郎の体験

いかなる意思堅固《けんご》の人といえども、疾病《しっぺい》もしくは大困難の場合に、自己の精神もしくは自己の過去における道徳的行為よりほか、信頼するものなしとせば、すこぶる寂寞《せきばく》を感ぜざるを得ないというのであります。これ多くの識者もまた認むるところであります。ことに私は幾多の大患《たいかん》と幾多の困難とに遭遇して、多年死生の間を彷徨《ほうこう》して今日に至りましたが、かかる場合、一面には、自己の精神及び自己の過去における道徳行為の結果に信頼すると同時に、他面、神の生ける人格に信頼して、もって安心を得、かくて今日あるを致しておるのであります。（二三八〜二三九頁）

(54) **最高道徳は福を神より享ける道徳**

最高道徳は自ら神の心を体得し自ら聖人となりて福を神より享《う》けんとする道徳なり。（二四三頁）

三、道徳実行の要諦

(55) **最高道徳は必ずその実行を必要とする**

最高道徳は人間の品性完成の本質的手段として存在するものでありますから、単に理解にとどまらず、必ずその実行を必要とする。（一三頁）

(56) 最高道徳の精神を漸次に加える

人間が最高道徳的に開発されたということは、まずその道徳実行の動機及び目的を神及び聖人の心に合致するように改むるのみにて、その方法中にももとより改善を要することはたくさんあるのですが、それは大体従前のままにてよろしいので、その改め方は漸次《ぜんじ》的で差し支えないのであります。されば最高道徳の原則としては、最高道徳を体得したというときには、第一に、従来の因襲的道徳実行の動機・目的及び方法の根本を最高道徳的に変ずること、第二に、因襲的道徳の形式をなるべく完全に実現して、その上に漸次に最高道徳の精神を加え、更にこれを美化して表現することであります。およそこの二か条の実行は最高道徳実行の要諦《ようてい》《かなめなみち》であるので、この二か条を実行することによりて、われわれ人間ははじめて完全に近いものになるのであります。(一二三頁)

⑸⑺　**人間力の増進を奨励する**

最高道徳においては常に各人の学力・知力・腕力・脳力及び体力の増進を奨励し、いつ、いかなる場合に何人《なんぴと》と角逐《かくちく》してもきそう勝ちを得るだけの準備をなさしめおくのであります。（三五頁）

⑸⑻　**最高道徳においては、急な改革を行わない**

従来の諸宗教もしくは種々の主義においては、その前代の慣例・慣習・礼儀・礼節その他一切の形式を急激に破壊して、新形式の実行を宣言すれど、最高道徳においては、かかる旧来の形式中やむを得ざるもののほかは、決して急に改革するなどのことはないのです。しこうしてまずその精神を改めさせ、次に漸次に自発的に各自の道徳上の形式及び事業上における不可なる点を改めさするのであります。（四三頁）

⑸⑼ 勇気がなければ、最高道徳を実行したり、それを他に移植することも出来ない

勇気なくては、最高道徳を他人の心に移植することはとうてい出来ませぬ。且つ勇気なくては自ら最高道徳を実行することは出来ませぬ。第一に、自分の最高道徳の実行に対して、家族・親族・先輩・友人等の反対嘲笑《ちょうしょう》ある場合に勇気なければ、最高道徳を棄《す》てて、再び利己的に復するのであります。（一一五～一一六頁）

⑹⑽ 他人の欠陥を補充することが最高道徳の犠牲になる

質的及び量的に他人の欠陥を補充するということが、最高道徳の犠牲に当たるのであり、且つこれを仕遂ぐる精神作用が真の慈悲に当たるので贖罪《しょくざい》になるのであります。（一二八頁）

⑹ **憤怒叱責をしても、心中では常に相手を愛して善に導くことを原則とする**

最高道徳では、小児・不正者もしくは愚人に対しては、やむを得ざる場合には、憤怒叱責《ふんぬしっせき》して威嚇することあるも、心の中にては常にこれを愛して、善に導かんことを心掛くることをもって原則といたします。故にいかなる場合にも自己の肉体を害することなく、且つ相手方や、第三者の感情には善き感応を与えて、ついに自他及び第三者に真の利益と幸福とを与うることを得るのであります。（一三一頁）

⑹ **自己の運命の全責任を負う**

自己の運命の成立せる原因を自覚し併せてその運命の全責任を自己一人にて負うことをもって最高道徳の実行的原理となす。（一七四頁）

(63) 現在における自己の運命は自己一人で負う

私ども人間の肉体及び運命は外界の力と自己の祖先及び自己の過去における精神作用及び行動によって出来ておるのであります。故に、自己の不幸なる運命は、これを原因に遡《さかのぼ》ってその責任を問うときには、社会の罪もあるべく、その家の先祖の罪もあるべく、もしくはその父母の罪もあろうが、しかし現在における自己の運命は、結局、自己自身の全責任に帰して、これを自己一人にて負うほかはありませぬ。(一七四頁)

(64) 感謝して運命改善に努力することが最高道徳

自己の運命を自覚して、その全責任を負い、且つ進んで感謝的生活の間にその運命を改善しようとして努力するということが、すなわち最高道徳の実行に入り得る基礎的条件になるのであります。(一七五~一七六頁)

(65) 相手が最高道徳の実行者でない場合の対処の仕方

万一、治者〔たとえば企業における上司など〕が最高道徳の実行者でない場合には、最高道徳の実行者たる被治者は自己の最高道徳の精神をその治者の精神内に移植するの目的をもってその治者に奉仕し、しこうしてその相手方の過失もしくは欠点に対しては、自己の至誠をもって陰に陽にこれを補い、且つ日夜慈悲の心と行為とをもってこれを慰安するのであります。かくのごとくなれば、その治者の精神もついに救済さるるに至り、その被治者はかえって具体的に幸福を得るに至るでありましょう。(二一七頁)

(66) 科学の原理だけで一切を説明できない

モラロジーは科学であり、且つそれにて説く最高道徳実行の方法もまた科学の原理を基礎としておるのであります。しかし斯《か》く科学的原理に基づいておるという理由をもって、諸聖人の教説及び一般人の経験を無視しないのでありま す。何となれば、科学は今日すこぶるよく発達しておれど、なおいまだこの複雑極まりなき自然界及び人間界のすべてを遺漏《いろう》なく究め尽くしてはいないからであります。故に科学の原理のみにて一切を説明することは不可能であります。されば、最高道徳においては、ひとり科学の原理のみでなく、その他諸聖人の教説及び一般人の経験をもこれを採り、もって最高道徳実行の基礎となすのであります。(二一四八頁)

四、道徳実行の効果

(67) **道徳実行の善報酬は道徳実行者に与えられる**

道徳そのものの本質は、これを行うものは積極的利益を受け、その被働者〔道徳的行為を受ける人〕はかえって消極的利益を受くるにすぎないのであります。ただしその形式上の利益は、道徳を行うものよりはその被働者にあるごとく見ゆるも、それはただ一時的にして、結局、道徳実行者にその善報酬はあるのであります。（三一〜四頁）

(68) **最高道徳の実行は大きな利益をもたらす**

最高道徳の実行は従来世の一般人の誤解せしごとくに、自己を損じて他人を益することになるにあらずして、まず自己の生存及び発達に関して最も必要なるところの自己の品性を高むることになるのであります。かくてその結果は従来の普通道徳の実行に比すれば、更にいっそう大なる利益を個人もしくはすべての団体に及ぼすものであるのです。（五～六頁）

(69) **率先して最高道徳を実行する人は、たちまち社会に頭角を現す**

道徳実行という重大なることにつきては、今日各人がいずれもみな躊躇《ちゅうちょ》してその実行を怠っておるのであります。このときに当たって、万一、衆人に率先して当該最高道徳のごとき権威ある道徳を実行するものあらば、たちまちにその頭角を社会に現すに至ることは明らかであります。（一六八頁）

⑽ 最高道徳は、いかなる時代・社会においても実行出来る

最高道徳においては、一面には、正統の学問をもって人間を理性的に開発し、他面には、神の慈悲心を人間に体得せしむることに努め、もって人間をして物質的にも精神的にも最高道徳の生活を営ましめようとするのであります。且つその方法及び目的は普遍的性質を具《そな》えておって、いかなる時代もしくはいかなる社会においても、その実行の可能性を有しておりますから、従来の知的道徳はもちろん、信仰に基づくところの道徳に比するも、なお且つその効果ははるかに偉大であるのです。（二四二～二四三頁）

⑾ 最高道徳実行者の成功と幸福は疑いがない

最高道徳の実行者はその精神作用の基礎を信仰に置き、その行為の基礎を右の敬虔なる精神作用と正しき理性の判断との上に置くのでありますから、極め

て完全なる道徳を行うを得るので、その成功及び幸福は疑いなきところであります。(二四六頁)

(72) 最高道徳実行者には精神的子孫が出来る

最高道徳においては、その最高道徳の実行者は、一方には、自分の家業もしくは職務に従事しつつ、一方に、慈悲の心をもって、伝統を尊重し、他人の精神を最高道徳的に開発もしくは救済いたしますのですから、自分もまたその精神的伝統の一人となることが出来て、自分にもまた精神的子孫が出来るのであります。且つ自己の精神的子孫と他の最高道徳実行者の精神的子孫とは相互におのずから精神的に親族となり、もって漸次《ぜんじ》に世界平和の実現を資《たす》くるに至るのであります。(三四八頁)

(73) **最高道徳を実行すれば老人や長上から愛され、年老いれば若い人たちから愛される**

最高道徳的精神を持《じ》して老人もしくは長上を敬えば、若きときには、それらの人々から愛せられて引き立てられ、自分が年老ゆるかもしくは位高くなれば、若き人や下の人より敬われ且つ愛せられ、生涯安らかに生存することを得るのであります。(四〇一頁)

五、道徳実行の留意点

(74) **道徳的に欠陥あるものとの関係は持たない**

現在資本大にして一般社会の信用あるも、これを道徳的に見て欠陥あらば、決して関係してはなりませぬ。万一誤って不道徳的なるものと関係したるときは、直ちに自己反省して、若干の損失をなすともその関係を断つべきであります。もしその損失を惜しみて荏苒《じんぜん》〔のびのびに〕日を送らば、その損害測られぬことになるのでありましょう。（四一頁）

(75) 他人の争いには中立を守る

他人の相争う場合には、常に中立を守り、時機を見てこれを調停するを原則となす。（四二頁）

(76) 神・因果律を確信できなければ、無報酬に対して憤怒・怨恨する

従来の因襲的道徳にては、神の存在すなわち因果律の存在を確信せざるが故に、他人のために努力もしくは物質を無償《むしょう》にて供給することはあっても、万一、

その相手方がこれに報酬をなさなかったならば、たちまちに憤怒《ふんぬ》もしくは怨恨《えんこん》する。（九〇頁）

(77) **道徳を知的に行う人には真の安心がない**

道徳を実行するにしても、これを知的に行うものは自己に真の安心なく、且つ相手方もしくは第三者の態度によって不平を生じ、且つその精神が真に自然の法則〈神の心〉に適《かな》わぬから、結局、徳を積むことが出来ぬ。（九六頁）

(78) **少しばかりの最高道徳と犠牲では過去の全部の罪を償却できない**

私どもはいま少しばかりの最高道徳を行い犠牲を払うくらいにて、真にこの過去の全部の罪を償却し得るものとは思われぬのであります。（一一九～一二〇頁）

(79) モラロジーの精神を理解しないで最高道徳を実行しても好果は得られない

真にそのモラロジーの精神を理解せずして、ただ徳を積むというようなことのみを目的として最高道徳を行わば、それは全く功利的になるのであります。したがってその実行者の精神は卑しく見え、自他の品性を向上せしむるがごとき好果を得ることは出来ないのであります。（一二〇～一二一頁）

(80) 程度を超えた犠牲的努力は真の幸福を産出する良法ではない

上の人がただ単に物質をみだりに下の人に恵むとか、下の人がただ単にみだりに上の人のために犠牲的努力をなすがごときは、全く無効ではありませぬが、ある程度を超ゆるときは、自他ともに損害を被るのみで、その両者の真の幸福を産出する良法ではないのであります。（一二四頁）

(81) 相手方が不道徳な場合も、慈悲寛大の心で努力を続ける

真に具体的に権利を生ぜしむるだけの努力をなしても、相手方が不道徳にしてこれを認めざるときには、慈悲寛大の心をもって、相手方に対して怒らず、且つこれを怨《うら》まず、かえって大いに自己の徳の足らざることを反省し、なおある程度までは、真の至誠をもってその努力を続くべきであります。（一五一頁）

(82) 相手方が不道徳のときは、その相手方が損害を招く

相手方が不道徳なるときは自然に第三者から認めらるることになって、損害を招くのは自己にあらずして、かえって不道徳なる相手方であるのです。（一五一頁）

(83) **上の人が下の人に諛びるようでは、末ついに退化に終わる**

現代のごとくに上たる人が（中略）下の人に諛《こ》びてその歓心を得、自己の勢力を増進しようとするのは、下の人を瞞着《まんちゃく》する不道徳的行為なれば、たとい一時勢力を得るも末ついに退化に終わるのであります。（四二四頁）

六、道徳実行と品性

(84) **人間の最高品性の形成は、まず自己より始める**

神に一致する人間の最高品性の形成は、まずこれを自己より始むるを要す。（一七六頁）

(85)　**品性の向上に従って自己の要求は達せられる**

自己が社会に知られたしと思わば、まず自己が神に一致する人間の最高品性を形成すべきであります。自己の品性にして高まらば、その程度に応じて、自己の要求はみな必ず達せらるるのであります。ただしその自己の過去における過失及び欠点は差し引かれて、その残るところが自己の今後における徳となるのであることはもちろんであります。（一七六頁）

(86)　**品性を高めずに要求をすることは、木に登りて魚を求むるの類である**

政治家は自己の品性とその施設とを顧みずして、ただいたずらにその国民を自己の意思に従わしめようと努力し、会社もしくは商店の幹部は、自己の品性を高めずして、ただいたずらにその使用人の善良ならんことを欲し、実業家は、自己の製品及び商品の質、代価及び需用者の便利を顧みずして、ただいたずらに広告と宣伝とに苦心して富を得んとしておるのであります。これみな、木に登りて魚《うお》を求むるの類でありましょう。（一七六〜一七七頁）

4 自我没却

一、自我はどのように表れるか

(87) **自我があれば真の慈悲心は出来ない**

慈悲の心は神の心でありますから、人間の精神内に自我(注)というものがあれば、真の慈悲の心は出来ぬのであります。（八七頁）

（注）自我

一般に自我とは、考え行動する主体としての自己を意味しています。モラロジーでいう自我は、自己を保存し、発達させようとする欲求が、生存・発達に必要な程度をこえて自己中心的に働く精神作用を指し、他人や社会の利害を顧みないで、自分の欲求を満足させようとする自分中心の心づかいを意味します。

(88) **自我の存在するときには、何事にも直ちに正義の主張をなす**

およそ人間に自我の存在するときには、何事にも直ちに正義の主張をなすのです。かくのごとき人はただ単に事業の成功のみを念としておるのですから、その自我の存在と正義の主張とが伝統の人の苦心を招きはせぬか、且つ一般人の苦痛となりはせぬかということには深く考え及ばぬのであります。故に結局、これはかの資本主義にて物質を偏重し、人格を無視する弊と同じ径路を行く人となりおわるので、多くの人の父母とはなり得ない人であるのです。(一九四頁)

(89) **自我が強く、慈悲心のない人は、すべての事業の輪郭を大きくしようとする**

自我強くして、同情・親切もしくは義侠心《ぎきょうしん》はありても、慈悲の心なき人は、すべての営利事業はもちろん、人心の開発もしくは救済の事業のごときものを

まで、みだりにその輪郭《りんかく》を大きくしようとする。（一九四頁）

(90) **何事にも軽率、不親切で周到の注意を欠くことは、自我が強いことを表す**

すべて何事に当たりても軽率にこれを取り扱い、他人のなせることを軽々に変更することのごとき、もしくは不親切にして周到の注意を欠くことのごときは、みな自我の強くして慈悲心のなきことを表しておるのであります。（一九五頁）

(91) **精神的欲望は、物質的欲望の原動力であり、平和に対する破壊的要素を含む**

最高道徳は物質的欲望はもちろん、かかる精神的欲望も全然これを排斥するのであります。何となれば、この精神的欲望は、一面には、物質的欲望の原動力であり、他の一面には、すべて平和に対する破壊的要素を含んでおるからでありまず。故に今日から見れば、無形の精神的欲望はこれを物質的欲望に比すれば、むしろその害毒は甚だしいのであります。（一九六頁）

(92) 我慢とは自我の主張の甚だ強いことを表す

日本には、高慢の語に類似したる「我慢」という語があります。この我慢という語は高慢とその動機を同じくして、ある場合には高慢心もしくは自負心と同義に用いらるれど、あるときには忍耐もしくは克己《こっき》と同義に用いらるることもあります。しかしながら、我慢の本義は日本語の剛情もしくは負け惜《お》しみ〈日本語の負け惜しみは英語に適訳なし。負けたことを口惜《くちお》しく思うの意〉ということであるので、自我の主張の甚だ強きことを表現する語として用いられております。（一九九〜二〇〇頁）

(93) 我慢心の強い人は、他人の注意を無視する傾向がある

かくのごとき者〔我慢心の強き人〕は、過失をたびたび繰り返すことあり、上の人より一度二度命令せられたることをも直ちに行わず、一回二回訓戒されたることもこれを実行せず、ことに自己の健康その他自己の幸福になることにつきては、自己のことは自己これをなすという心使いをもって、他人の注意を無視する傾向があるのです。（二〇〇頁）

二、自我没却の方法と意義

(94) 自我没却が最高道徳への入門となる

自我を棄ててはじめて伝統及び準伝統に対する絶対服従の心が起こり、かく

て何事にも自己反省をするようになれば、不完全ながら最高道徳の門に入ったものといえましょう。（八七頁）

(95) **自我没却の方法は、伝統に服従し、人心開発救済をなすこと**

自我没却の方法はいかにといえば、これは第一、伝統もしくは準伝統に服従し、第二、人心の開発もしくは救済をなすことであって、これによりて自然にその偉大なる品性が形成さるるに至るのであります。（一九三頁）

(96) **自我没却は、幸福享受における重大な道徳上の信条である**

『論語』に孔子の品性を記して、孔子は四つを絶つとして、「意《い》なく必《ひつ》なく固《こ》なく我《が》なし」とあるのです。キリスト教にも悔い改めとは自己中心《わがこころ》より神を中心《わがみ》とする精神に改むることをいい、次に、仏教にも菩薩《ぼさつ》は全く自我なくしてその精神も肉体もともに仏の知恵の中に没入しておるということがあります。これは人間の幸福享受上、実に重大な道徳上の信条であるので、いわゆる聖人はみなこのとおりであって、この一条件の具備するとせぬとは、聖人であるとないとの区別を生ずる標準になるのです。（一九一〜一九二頁）

(97) **自我没却とは、自然の法則に適合するように改心すること**

自我の没却とは、自己の不完全なる先天的及び後天的原因に基づけるところの自己の精神を棄却して、神〈本体〉の本性すなわち自然の法則に適合するように改心することをいうのです。すなわち宗教語をもっていえば、自己の解脱《げだつ》に当たり、もしくは自己の救済さるることに当たるのです。（一九二頁）

(98) **自我没却とは、みだりに頭を下げよとかいう小事ではない**

自我の没却ということは、物質的に無一物になれとか、もしくは形式的にみだりに頭を下げよとかいうような小事ではないのです。しこうしてもっぱら人間の品性に関することであるのです。すなわちかかる精神を完成することが自己の最高品性の完成で、且つ天爵享受の方法であるというのであり、これが一切の人爵享受の原因を成すものであるのです。(一九二～一九三頁)

(99) **自我没却なくして最高道徳の実行は成り立たない**

自我を没却して、神の心に同化し、自然の法則に絶対的に服従するということによりて、最高道徳実行の基礎的原理は実現さるるのであります。この自我の没却がなくては、他にいかなる最高善を行うも、最高道徳の実行は成り立たぬのであります。(一九三頁)

(100) 自我の没却が自己の品性及び開運の根本原因となる

自我の没却が神の慈悲心の体得となり、自己の品性及び開運成就の根本原因となるのでありますから、人間の真の永久の幸福は形式的もしくは物質的に単に正義もしくは道理にのみ依拠して、善事もしくは最高善事に努力するとかもしくはこれを援助するとかだけでは得られぬのであります。（一九三頁）

(101) 自我没却の原理は、運命を開く原因の分岐点

自我没却の原理は、人間一生の努力が真にその人の運命を開く原因を成すか成さざるかの分岐点なれば、人間の物質的及び精神的生活上、実に重要なることである。（一九六頁）

(102) **自己の正当防衛・真理擁護のためには、正義に訴えて行動する**

万一非常の場合においては、たとい自我を没却して慈悲になり了《りょう》しておっても、自己の正当防衛もしくは真理擁護のためには、正義に訴えて行動することあるはもちろんであります。いかなる場合にも屈従するというような教えではないのであります。(一九八頁)

(103) **老人・病人の看護や小児の保護等は、自我没却しなければ出来ない**

たとえば、家業・職務・学問の研究・物品の製作・裁縫・料理・洒掃《さいそう》《そうじ》等のごときことは自我の多き人にても、その才知さえあれば、不完全ながら幾分か出来ぬことはなけれど、生きたる人間の精神的もしくは肉体的に関係ある仕事に至っては、自我のある人となき人との所作《しょさ》は、たちまちにこれを受くる人の感情に大なる相違を与うるのであります。すなわち老人もしくは病人に対する看護のごとき、小児に対する保護のごとき、理髪・入浴・食事の給事・マッサージもしくは旅行の際における随行のごとき、自我を没却せる慈悲心ある人物の至誠は、老人・病者もしくは小児はもちろん、何人《なんぴと》をも甦《よみがえ》らする力を有するのであります。特に老人と病者とは、たとい精神的伝統に立つごとき積徳の人にても、その肉体の苦痛はおのずからその精神を荒々しくするものなれば、これに対して奉仕するものは、最も自我没却の人ならでは完全に出来ぬのであります。（二〇三〜二〇四頁）

三、自我没却の効果

(104) **自我の没却は諸々の善果をもたらす**

自我を没却して、神の心に同化し、自然の法則に服従するという精神の確定が神に対する信仰となり、神の慈悲心の体得となり、伝統及び準伝統に対する服従となり、人心の開発もしくは救済をなす精神の原動力となり、最高品性の完成となり、天爵の享受者となり、真に神に救済されたる人間となるのであります。（一九三頁）

(105) **自我を没却した人が偉大な人格者となり、偉大な権利を与えられる**

自我を没却するときには、全く自己の権利も人格も喪失するように考うる人あれど、それは大なる誤りであるので、かくのごとく自我を没却して、自然の法則に従うた人がかえって偉大なる人格者となり、また偉大なる権利を与えられ、且つその子孫あるものは、それが万世一系に永続しておるのであります。（一九七頁）

(106) **自我没却によって更に大きな自由と権利とを獲得する**

自我を没却するも自己の既得の自由及び権利を失うことはないのみならず、これがためにその人格を高めし結果は、未来においてかえって他の人より更に大なる自由と権利とを獲得することを得るに至るのであります。（一九七～一九八頁）

(107) **自我を没却すれば、心は平和となり、人格は円満となって愉快に生存出来る**

ひとたび精神的欲望を抛《なげう》ち、自我を没却したらんには、その自己の心たちまち非常に平和となり、その人格は円満となって、真に愉快に社会に生存することが出来るのであります。(一九八頁)

四、服従するということ

(108) **因襲的道徳（普通道徳）における服従は、常に不平を生む余地を有している**

因襲的道徳における服従は全く自己の保存及び発達のためであり、且つその服従を命ずるものはこれまた全く自己もしくは自己の団体の保存もしくは発達のためにするものであります。すなわち双方ともに、おのおの自己のためにするところの道徳でありますのですから、双方ともに、その相手方の精神及び態度に対して、常に不平の生ずる余地を有しておるのであります。これがすなわち現代の世界において、国家の政治上にも、産業界にも、至る所に治者と被治者との間に衝突あり、且つ資本家と使用人との間に闘争のある原因であります。

(二一一〜二一二頁)

(109) **最高道徳における絶対服従は、いかなる場合でも不平なく実行出来る**

最高道徳における絶対服従は(中略)、個人・国家及び社会いずれの立場から見ても極めて完全であります。すなわち第一は、世界諸聖人の教訓・実行及びその実行の結果を見、これに感激した上からその聖人の心を体得して絶対服従を行うのであります。故にその実行者の精神おのずから安らかに且つ平和で、その精神及び行為が自然の法則に適合するのであります。第二に、最高道徳にては、（中略）諸科学の原理に基づきて、われわれ人間の精神・肉体及び運命の成立を自覚した上からその精神に自己反省して服従の心を定むるのでありますから、感謝的に喜んで絶対服従が出来るのであります。第三に、最高道徳にては人心の開発もしくは救済をなし、これによりて一には過去の贖罪《しょくざい》が出来、二には未来における積徳が出来るという楽しみを含んで絶対服従をなすのでありますから、いかなる場合に遭遇するも不平の起こることなくして、その絶対服従の行為が出来るのであります。（二一二頁）

(110) **最高道徳では報恩もしくは救済の精神から服従する**

すべて上に立つものが下のものに対してある事柄の可否を諮詢《しじゅん》〔問いはかること〕しましたならば、下のものはこれに対して忌憚《きたん》なく、しかしながら、慎重に自己の意見を吐露《とろ》し、たとい、上の人の意見と異なってもそれは知識上の問題ですから、差し支えはないのであります。しかるに上のものの命令は具体的でこれに従うと従わぬとは道徳上の問題になりますから、下のものはこれに服従するを要するのです。ただその服従の動機が普通道徳では利己心の上から円満を期して服従するを、最高道徳では報恩もしくは救済の精神から服従するのであるのです。（二一五～二一六頁）

(111)　**ともに最高道徳の実行者ならば、相互に絶対服従する**

治者・被治者の双方がともに最高道徳の実行者であったならば、いずれも相互に絶対服従するのであります。（二一六頁）

(112) **絶対服従的信念によって自己の安心立命が確立する**

平素において絶対服従的信念に立脚して、いかなる場合に当たりても自己の生命・財産及び自由の範囲内において出来得るだけの服従をなし、その他は大自然の因果律すなわち神の摂理《せつり》に任ずることを予定して、はじめて自己の安心立命が確立するのであります。(二一八頁)

(113) **道徳行為はみな服従心・服従の行為に伴って表現する**

最高道徳的なる人間の服従心はすべて人間道徳心の源《みなもと》ともいい得べく、且つその道徳表現の一切の形式を含むものであるともいい得るのであります。すなわち自我の没却とか、慈悲とか、愛とか、尊敬とか、寛大とか、同情とか、憐《れん》憫《びん》とか、親切とか、温和とか、奉仕とか、犠牲とかいうごとき道徳心及び道徳行為は、みなこの服従心及び服従の行為に伴うてはじめて表現するのであります。故に、聖人は上に向かっては神の心すなわち自然の法則に従い、下に向かっては一般の民衆及び一切万有の要求に従い、もって天《てん》功《こう》《かみのはたらき》を助けたのであります。（四〇三～四〇四頁）

(114) **夫婦間に尊重心や服従心がなければ、かかる愛は破れやすい**

たとい夫《おっと》が妻を愛し、妻が夫を愛するというものあるも、相互にその人格に対する真の尊重心なく、これに伴うところの服従心なくば、それはただ本能的且つ利害関係的のみの愛にすぎぬのであります。かかる愛は破れやすく且つ徹底せぬもので、常に相互に不平の感ありて、その相互の精神ともに常に不安であるのです。（四〇四頁）

(115) **上の人は下の人の総意を尊重して服従する**

最高道徳にては、すべての人は伝統及び準伝統に服従せねばならぬのでありますが、伝統・準伝統及び多数人の上に立つ人はその下の人に対しては全く服従を要せざるやといえば、これもまた服従を要するのであります。（中略）上の人は下の人に対して一々下の人に個人的に服従することは出来ませぬから、その下の人の総意を尊重してこれに服従すべきであります。すなわち輿論《よろん》を尊重してこれに服従するのであります。（四二三～四二四頁）

5　正義と慈悲

一、正義について

(116) **正義は大自然の神の法則である**

聖人の教説、哲学、倫理学及び法律学の学説にては、正義はすなわち大自然の神の法則であると申すのであります。（六九頁）

(117) **宇宙的正義は人間的正義よりもはるかに偉大である**

宇宙的正義(注)は絶対的なる神の心に基づくものでありますから、人間的正義から推《お》しただけでは、その実質が確定され得るものであるとは思われませぬ。いかにしても宇宙的正義は人間的正義よりはるかに偉大なものと思わるるのであります。（七三～七四頁）

（注）宇宙的正義

宇宙的正義は、いわゆる社会的正義とその内容を異にするものです。社会的正義は、現実の社会生活のひとつの基準となっていますが、それは個人や集団や国家によってそれぞれ異なっているために、ともすれば自己中心的に働き、他の正義と衝突することになりがちで、愛や慈悲や寛大などの精神とは、しばしば相反する働きをします。これに対して宇宙的正義は、すべての人間がそこにおかれている宇宙的秩序、つまり宇宙自然の法則に対する合理的な認識から出てくるもので、「万物を生成化育する公平無私な精神」を意味しています。

(118)

宇宙と人間社会の目的は正義の実現にある

宇宙の目的も、また人間社会の目的も、正義の実現にあるのです。しかるに一切の衆生《しゅじょう》は（中略）ただ自己保存及び自己発達の利己心及び利己的行動のほかないのであります。（七五頁）

(119) **宇宙的正義とは自我を没却して神の慈悲心を体得し、人心開発救済をなす状態である**

宇宙的正義と申すは全く人間的もしくは社会的正義とその立場を異にして、自己の保存及び発達の精神から解脱《げだつ》して、自我〈主として精神的〉を没却し、神の慈悲心を体得して、もって人心の開発もしくは救済をなす状態を指す。

（七六頁）

(120) **宇宙的正義の精神と行動が大なる好果をもたらす**

私どもが長上より命ぜられたる分量だけこれをなせば可なりと思うは普通の道徳であります。かくのごときことは最高道徳の立場より見るときには、ほとんど道徳と称するに足らぬほど、その程度が低く且つ浅いものであるのです。故にわれわれ人間が今日かかる低い道徳を行うておって大なる好果を得ようとしておるのは不当でありましょう。されば、われわれは今後進んで宇宙的正義を行うに至って、はじめてその精神及び行動が最高道徳となり、大なる好果を得るに至るのであります。（七六頁）

(121) **破邪顕正の方法では平和も幸福も得られない**

人間的もしくは社会的正義の方法すなわち破邪顕正《はじゃけんしょう》〔誤った見解を打ち破り、正しい見解を打ち出すこと〕の方法を用いては、すべて正と不正との衝突はもちろん、正義者相互の間にも、主義もしくは意見の衝突を免れずして、結局、人類の平和も幸福も得らるるものではないのです。（七七頁）

(122) **人物の考査は正義を標準とする**

すべて人物の考査は正義を標準とすべきで、その上に親切な行いがあるとい

うがごときことを考慮に入るるべきでありましょう。（一〇〇頁）

(123) **出来るだけ努力するのが宇宙的正義に適う道徳である**

人間の実生活上において人間の労働は価《あたい》の付けがたきものでありますから、各自出来得るだけ努力するのが宇宙的正義に適《かな》う人間の道徳でありましょう。（一二二頁）

(124) **利己的な人間が考える正義では平和の実現は不可能である**

自己と他と利害相反する場合に、利己的なる人間の心にて考うるところのいわゆる正義の実質は相互に大なる相違を生ずるが故に、正義の行使をもって平和を実現させようとすることは実際上全く不可能であるのです。（一二六頁）

(125) **正義によって対立すれば必ず衝突する**

正義は道理と同じくむしろ人間の知識の方面に属する冷たいものであって、温かい道徳ではないといい得るのであります。ただ道徳を裁量する一つの知的作用の名ともいい得るのであります。されば双方正義を行使して対立するときには、実際上必ず衝突するのです。（一二六～一二七頁）

二、正義と慈悲

(126) **不正に対して対抗するも、精神作用においては必ず慈悲をもって対処する**

最高道徳的に他人のためもしくは団体のために犠牲的行動をなせるに対して、その相手方もしくは第三者より誤解せらるるか、もしくは敵意を挟まるる場合には、これをもって単に相手方もしくは第三者を怨《うら》むことなく、全くこれをもって自己の徳（virtues）の不足と見なして、自ら反省し、ますます自己の誠意を増進せんことを期するのです。もし相手方が甚だ不正である場合には、やむを得ず純正義をもってこれに対抗し、もしくはこれを処分するのです。この場合において外面には、たとい排斥・絶交・告訴・訴訟もしくは闘争的態度に出《い》ずることあるにせよ、その精神作用においては、常に必ず真の慈悲をもってこれに対せねばならぬのであります。（一三〇頁）

(127) **神の本質をもって正義及び慈悲となす**

古来、世界の諸聖人及び大識者は一般に神〈本体〉の本質をもって正義及び慈悲となしておるのであります。すなわち別語をもってすれば、この正義及び慈悲は知識と道徳とに当たるのであります。（五〇頁）

(128) **聖人は正義と慈悲とを道徳の根本精神としている**

深く世界諸聖人の事跡を調べてみますれば、いずれも正義〈義・中庸もしくは誠などみな正義と同一である〉と慈悲〈愛もしくは仁など慈悲と同一である〉とをもって、道徳の根本精神としてあります。(一一三頁)

(129) **中道とは三毒を解脱して人心救済をなす状態**

釈迦は中道すなわち正義を仏の心となし、人間の精神的及び物質的生活の標準となるべき大法則を示したのであります。換言すれば、すべての人間は貪《とん》・瞋《しん》・痴《ち》の三毒に拘束せられておらぬものはないので、中道とは、およそ人間がこの三毒を解脱《げだつ》して、知識を含める慈悲の心となり、もって人心救済をなすに至ったところの状態であります。(七四頁)

(130)　**最高道徳の目的は正義の実現であり、その方法は自己の慈悲である**
最高道徳は正義の実現を目的として自己の慈悲〈犠牲〉を方法とす。（一一二頁）

(131)　**最高道徳における正義実現の方法は、正義の基礎に立つ慈悲による**
最高道徳にては正義実現の目的は他と同一であれど、正義実現の方法において全く他と異なりて、純正義にはよらずして、まさに正義の基礎に立つところの慈悲によるのであります。それ故に他と衝突を起こさず、平和裏にその目的の達成が得らるるのであります。（一一三頁）

(132)　**正義実現の方法を慈悲に取るのが聖人の実行的教訓**
人間一切の目的は正義の実現にありとして、その実現の方法を慈悲に取るの

が聖人の実行的教訓であります。（一一三頁）

(133) **相手方が愚劣・暴悪であれば、正義を標榜して対処する**

最高道徳実行の場合にも、相手方が正義以上であれば〈少しは不正でも〉、こちらはその精神はもちろん、その形の上にも、純慈悲を用いて差し支えないのですが、相手方が甚だしき愚劣・暴悪もしくは佞悪《ねいあく》のものであったならば、こちらは外面には正義を標榜《ひょうぼう》してその相手となるのであります。すなわち法律に訴え腕力もしくは兵力に訴えて進むのであります。（一一四頁）

(134) **相手方が甚だしく不正な場合は破邪顕正の手段もやむを得ない**

相手方の甚だしく不正なる場合には、破邪顕正《はじゃけんしょう》の手段を執《と》ることもまたやむを得ぬことであります。（一一四～一一五頁）

(135) **最高道徳的品性を造る方法は、慈悲による犠牲的行動を執る以外にない**

われわれはまず最高道徳的品性を造らねばなりませぬ。これを造る方法は正義実現の目的の下に、慈悲の純精神によって、犠牲的行動を執《と》って進むほか、道はないのであります。（一一八頁）

(136) **「正義」は道徳帰着の理想を意味し、「慈悲」は常に道徳実行の基礎観念を成す**

最高道徳は結局人類社会に正義を実現さすることをその目的となし、自己の慈悲をその実現の方法となすものにて、正義は道徳帰着の理想を意味し、慈悲は常に道徳実行の基礎観念を成す。（一二五頁）

三、慈悲について

(137) **慈悲は「アワレム」の意味を有す**

慈悲は素《も》と仏教の術語にして、中国語にては慈も悲もともに「アワレム」という意味を有しておるのです。（中略）最高道徳の実質の核心を表現する語としてこの語を使用することにいたしました。（七八頁）

(138) **仏教の慈悲は「抜苦与楽」を意味する**

古来中国及び日本にては、仏教の慈悲を「抜《ばっ》苦《く》与《よ》楽《らく》《くるしみをぬきてたのしみをあたう》」と解しておるのであります。（七八頁）

(139) 慈悲は「仁」「愛」と原理を同じくする

釈迦《しやか》のいわゆる慈悲は、孔子《こうし》のいわゆる「仁」、キリストのいわゆる「愛」(ἀγάπη, Love) とその原理を同じくしておるのであります。(八四頁)

(140) 慈悲・仁・愛の実質上に一貫する原理を抽象して「慈悲」と名づける

慈悲・仁及び愛の実質上に一貫するところの原理を抽象して、日本語により「慈悲」と名づけた。(八五頁)

(141) 慈悲の有無と浅深が品性の標準となる

人間の慈悲心は、神の心を体得せる聖人の精神から生まれ出《い》でて、すべて聖人をして聖人たらしめしところの唯一の精神作用であり、且つモラロジーにていわゆる最高道徳の最も重要なる原理と相即不離《そうそくふり》《はなるべからざる》の関係を有するのでありますから、最高道徳の実質の核心を成すのであります。故に、この精神作用の有ると無きと、浅きと深きとが、その個人の品性を定むる標準となるのであります。（八六頁）

(142) **慈悲心は自我を捨てた精神内に生まれ来る**

慈悲の心は全く自我を棄《す》てたる人間の精神内に生まれ来るのであります。（八六頁）

(143) **慈悲心は因襲的道徳（普通道徳）の中には存在しない**

慈悲心は、従来の因襲的道徳の中には全くないものであります。（八七頁）

(144) **最高道徳的精神と行動は慈悲心より派生する**

慈悲心が起こらねば人心の開発もしくは救済の念は起こらず、次に人心の開発もしくは救済をせねば慈悲の心は決して発達せぬのであります。かくて一切の最高道徳的精神及び行動はみなこの慈悲心より派生し流出するのでありま す。(八九頁)

(145) **慈悲心に立脚しない道徳的行為は、人間と社会・国家に利益を与えない**

貧しい人に金を恵むごとき、もしくはその子弟を教育するごとき、何らの野心を含まざる道徳的行為にても、もしそれが慈悲心に立脚しておらぬ場合には、その人の精神には種々の不平もしくは不安を生ずることありて、その精神に真の楽しみなく、且つ社会もしくは国家には真の利益を与うることがないのであります。(九三頁)

(146) **他人の依頼・命令を閑却することは、慈悲心のない証拠である**

他人の命令もしくは依頼を受けて、これを閑却《かんきゃく》しもしくは忘るるがごときは、自己の精神が自己の利己心に蔽《おお》われて、毫《ごう》も慈悲心《すておき》のなき証拠であります。（九三頁）

(147) **慈悲心を体得する人は、相手の精神を救済・慰安しようとする**

神の慈悲心を体得せるものであったならば、相手方の心をもって己《おの》が心となし、その心に同化して生活し、その相手方の精神を救済し、もしくはその精神を慰安しようとするのであります。（九五頁）

(148) **慈悲心のない人は、一切の事において自己本位である**

慈悲の心なきものは、一切の事において、常に自己を本位とする。（九五頁）

(149) **慈悲心のない人は、自己のことのみを考え、交わりにくい**

すべて慈悲心なきものは、一般に相手方もしくは第三者の便利とか、幸福とかを考うることなく、ただ単に自己のことのみを考えておって、利己的判断をなすが故に、実に交わりにくく、且つこれを待遇することが難《かた》い。（九七頁）

(150) **慈悲心のない人の集団は、平和な気分がない**

慈悲心なきものの集団は、相互に「巧言令色《こうげんれいしょく》」をもって、形式的に敬意の交換をなしておるにとどまって、真に平和なる気分は少しもなく、常に不安心な状態にその生活を営んでおる。（九七頁）

(151) **最高道徳的慈悲心を扶植する事業は、現代社会での至高・至大・緊急なるもの**

最高道徳的慈悲心を人間の精神に扶植する事業は現代人類社会における事業中の至高・至大且つ最も緊急なるものというべきでありましょう。(九七頁)

(152) **真の慈悲心の完成は、真の最高道徳的品性の完成である**

真の慈悲心の完成はすなわち真の最高道徳的品性の完成であるのです。宗教上にていわゆる改心(conversion)・救済(salvation)というも、ともにみな人間の心が神の慈悲心と同じようになったということであるのです。(九八頁)

(153)最高道徳では、慈悲心・利他心から出発した精神・行為でなければ道徳として認めない

忍耐・克己、換言すれば、堅忍不抜《けんにんふばつ》の精神と行為とは最高道徳にても、これを称揚《しょうよう》いたします。もしくは事柄に熱心なる態度も最高道徳にて称揚いたします。しかしながら、最高道徳にてはこれらがすべて慈悲の心すなわち真の利他心から和《やわ》らかに出発したものでなければ、全く道徳として認めませぬ。（一一〇〜一一一頁）

(154)一視同仁の大慈悲心こそ真の勇気の根元である

最高道徳的になされたることならば、一言もしくは一臂《いっぴ》の助力にても、道徳上非常に尊いのであります。ただかかる場合、いかなる事あるも、内心においては一視同仁の大慈悲心をもって、敵にもせよ、味方にもせよ、これを愛することが根本的に必要であります。かくてこの大慈悲心こそ真の勇気の根元《こんげん》であり、神人を感動せしむるがごときことを完成せしむるものであるのです。(一一六〜一一七頁)

(155) **一切の問題を人間の慈悲心に訴えれば平和が訪れる**

聖人の教うるところの純粋正統の学問では、人間に神の慈悲心を体得させて、一切の問題を人間の慈悲心に訴うれば、個人の精神にも、家族の間にも、各団体の間にも、国と国との間にも、真正且つ永遠の平和が出来るというのであります。(一一六頁)

(156) **真の平和は必ず人間の慈悲心をその基礎に置く**

真の平和は必ず人間の慈悲心の行使にその基礎を置き、他に対する場合には、

たとい多少不正のもの、もしくは不合理のものにても、これを愛するようにせねばならぬのであります。(一二七頁)

(157) **慈悲は、他人の欠陥を自分が補充しようとすることにある**

最高道徳における慈悲の使用は、他人の欠陥に対して自分がこれを補充しようとするにあることです。(一二七頁)

(158) **他の不足分を喜んで補充するという慈悲の心で努力する**

一つの仕事を共同的になす場合、相手方のなす仕事の量は三分の一にすぎず、且つその質が甚だ粗漏《そろう》であるとすれば、自分がその三分の二を働き、且つ相手方の粗漏を精確に正していくのであります。(中略)少なくとも精神的には喜んでその十分の一でも補充していきたいという慈悲に充《み》ちた優美な高尚な且つ

奥ゆかしい精神作用をもって出来るだけ力を致すのであります。（一二七～一二八頁）

6　神・聖人に学ぶ

一、自然のはたらき・自然の法則

⑽ 人間は自然界の支配を受けて生存・発達・変化を遂げる

私ども人間は、この宇宙の自然界に発生したる現象の一つであって、この自然界の支配を受けて生存・発達もしくは変化を遂《と》ぐるのであります。且つ私ども人間は、他の無機物もしくは有機物と異なり、自由意思を有して、外界の勢力に適応することを得れど、それもある程度までにして、絶対的のものでなく、ついに自然の勢力に対しては、ほとんど無力のごとくに屈伏せねばならぬのであります。(一七〇頁)

(160) **モラロジーは、大自然の根本法則に合致するように努力させるもの**

モラロジーは、（中略）世界諸聖人の教説を尊重し、且つ公平無私なる科学の教うるところを顧み、各自の学力・知力・体力・金力及び権力等にのみ依頼することをやめ、ただ一意専心に、大自然の根本法則すなわち神の法則に合致することに努力させようとするのであります。（一七〇～一七一頁）

(161) **人間の精神・肉体及び運命は大自然の法則に支配される**

われわれ人間の精神・肉体及び運命の状態は、究極においては全く大自然の法則に支配さるるものである以上は、深く大自然の法則を知悉《ちしつ》して、これに順応同化するはもちろん、結局、絶対服従せねばならぬことになるのです。すなわちわれわれ人間はたとえば、天然の気候に対して、その気候の命ずるところに背《そむ》けば、たちまちに凍死するか、あるいは疾病《しっぺい》に罹《かか》るのです。また、食物の法則に背けば、たちまちに餓死するか、あるいは疾病に罹るのです。また、水を渡るには水を渡る法則あり、また、空気中を行くには空気中を行く法則あり、一つとしてその法則に違《たが》うことは出来ぬのであります。また、たとい人為の機械にても、その機械の法則は大自然の法則の一部でありますから、その機械使用の法則に違うときには、たちまちに禍《わざわい》を被《こうむ》るのであります。（二〇八頁）

二、聖人に学ぶ

(162) **釈迦が聖人として尊崇される理由**

釈迦は自己一人分だけの道徳を行うたほかに、全人類が当然行わねばならぬところの道徳につきて、いまだこれを行い得ずにおる、その道徳実行の不足分を補充したのでありますから、その補充の分は犠牲となっておるのであります。これすなわち釈迦が聖人として尊崇せらるるに至ったゆえんでありましょう。（七五頁）

(163) **聖人の精神と行いとを併有しなければならない時代が来ている**

今日の科学的原理及び社会の実際的傾向はわれわれ尋常人をして聖人の精神と行いとを併有させねばならぬ時代が来たということを自覚せねばならぬようになったのであります。（一六八〜一六九頁）

(164) **聖人は、人間をして小我を捨てて大我に同化するように教えている**

われわれ人間が現象の一部分であって、他の宇宙間の現象によって支配されておるということは実際的且つ科学的に明らかなことであります。人間の自由意思は、ある程度まで、自己の健康・寿命及び運命を維持することが出来ますが、結局、外界の力に支配さるるのであります。故に聖人はこの原理を悟って教えを立て、人間をして小我(注)を捨てて大我(注)に同化しつつ努力せしむるように教えたのであります。（一七一〜一七二頁）

（注）小我・大我
いずれも仏教の言葉。小我とは、自分一人の欲望や迷いにとらわれた狭い自己・我。大我とは、我流・我見・我執を超えた自在の境地で、宇宙の絶対的な真理をいいます。

(165) **聖人は「意なく必なく固なく我なし」という品性を具えている**

聖人とは実に「意《い》なく必《ひつ》なく固《こ》なく我《が》なし」という品性を具《そな》えた御方であります。この四つがすなわち自我とか、小我とかいうものでありまして、この自我もしくは小我がわれわれ人間の精神に存在しておっては、われわれの精神の中に真に最高道徳が入ることは出来ませぬ。すなわちこの四つが全く消滅して、神の心をもって充《み》たさるるのでなければ、真の最高道徳者となることは出来ませぬ。（一七三頁）

(166) **聖人の教えは、苦労の結果を他人や社会に頒つことにある**

自分のことに苦労せずして、他人の助けを受くるのは不道徳であります。自分のことに苦労して、その成功の結果を自分にて享受するのは普通道徳にすぎぬことであります。しかるに古来、聖人の教えは自分の成功に対して自ら苦労するのみならず、更にその苦労の結果はこれを自己一人にて独占せず、及ぶだけ他人もしくは一般社会に頒《わか》つことになっておったのであります。（一八四〜一八五頁）

(167) **聖人の品性の力は、人間の信仰を惹き起こし、神の存在を覚らせる**

そもそも聖人はその心真に慈悲且つ至誠にして、その行動ことごとくその慈悲の表現なれば、これを私ども一般人類より見れば、全く神聖にして、いわゆる神人《かみのごときひと》(godlike man)であります。故にこの聖人は古来神の再現せるものと称せられ、もしくは直ちに神とも神の子とも称せられておるのであります。すなわち当該聖人の崇高且つ偉大なる品性そのものの力は、一般人間の信仰を惹《ひ》き起こして、神の存在を人間に覚《さと》らするのであります。(一三二頁)

(168) **神及びその力を人間に開示し、これを首肯させたのは諸聖人の徳にある**

聖人の精神すなわちその高き品性が本体(神)の存在を証明し且つ人間の五官にて認め得ざる現象の中より神を顕現して、もって世界人心救済の基礎を人類に開示したのであります。なおこれを要約すれば、神〈本体〉及びその勢力の作用は終始この宇宙間に存在するも、その存在を人間に開示してこれを首肯《しゅこう》させたのは諸聖人の徳にあるということであるのです。(二三四頁)

(169) **真の人格形成には聖人の教えを必要とする**

人間の精神作用は単に人間の知識をもって教育するのみにては足らぬのであります。すなわち人間的知識の開発のみにては、真に人間としての人格を形造らすることは出来ませぬ。必ずや聖人の教えによりて神の光明《こうみょう》をその精神に与えねばならぬのであります。(三七八頁)

三、神（本体）のとらえ方

神に関する観念は、これを人格的に見ることによって理解される

(170)

神を認むることは、必然的に私どもの道徳的活動すなわち全人格の活動を予想するのでありますから、知・情・意を具備するところの人格の対象としては、これを人格的なものと見なければ、いかなる意味の神もその真相が把握《つかむ》されないからであります。されば前記の学問的に合理的と思わるるところの神に関する観念は、これを人格的に見ることによって、はじめて真に根本的且つ本質的に理解さるるのであります。（二三六〜二三七頁）

(171)

自身が神と同じ慈悲を有すると考えるのは誤りである

学問・知識・財産を有するもの、もしくは社会の高き地位におるものの中には、自己の力もしくは地位を恃《たの》み、その心驕《おご》りて、神を無視して謂《おも》えらく、「神の実質が慈悲ならば、われまた慈悲の心をもって世に立つべし。然るときには必ずしも神に信頼するに及ばざるべし」と。これ実に大なる誤解であります。そもそも傲慢の心強くして、聖人の実行を模倣することをせず、聖人の教うるところの絶対の神の前にわが精神を捧げてわが頭を下ぐることの出来ぬものが、いかでか神の慈悲心を実現することを得ましょうや。かかる精神を有する人にて自身は神と同じき慈悲を有すと考うるは誤りであって、それはみな自己の自負心にほかならぬのであります。(二四〇〜二四一頁)

⑿

森羅万象一切を神の肉体の一部分として尊敬する

モラロジーにおいては、（中略）神の本質につきては深くこれを探究せず、直ちに聖人の教説に基づき、宇宙の現象をもって神〈本体〉の力の表現であると考え、私ども自身の肉体をはじめ森羅万象《しんらばんしょう》一切を挙げてこれを神の肉体の一部分として尊敬するのであります。且つすべて諸聖人の教説に基づき、私どもの一切の精神的生活及び物質的生活をもって、神の恩恵に出《い》ずるものとして感謝するのであります。（二四八頁）

四、神に対する信仰

(173) **神を信ずることは宗教の専有ではない**

神を信ずることは必ずしも宗教の専有にあらず。（二一五五頁）

(174) **神を信ずるということは、道徳を実行することである**

神の実質は世界諸聖人の教説・教訓及びその実行上に一貫するところの事跡より推せばいわゆる慈悲であるので、その作用はいわゆる自然の法則であるのです。しこうしてこの自然の法則の中に、人間に関する心理的法則・生理的法則等をはじめとし、人間の間に存する社会的法則のごときものがあります。されば神を信ずるということは神の定めたる法則すなわち道徳を実行することで

あります。（二三九頁）

(175) **日常生活をすべて神の法則に依拠して進むこと**

真の信仰に基づきて道徳的生活をなすものは、単なる信仰をなすのでもなければ、単に知的に道徳を実行するのでもありませぬ。すなわち神を信じて、その信念の上から道徳を実行するのであって、必ずしもその信仰を表面に現さぬのであります。しかしながら、内心深く神を信じて、その日常生活をすべて神の法則（宇宙の因果律）に依拠して進むのであります。（二四二頁）

(176) **神を信ずるということは、宇宙の因果律を信ずることである**

最高道徳において神を信ずるということは神の法則を信ずることであります。神の法則とは自然の法則にて、すなわち宇宙の因果律であります。しかしこれは純物理学的因果律のみでなく、人間の精神作用及び行為の因果律をも含むのであります。これを信じて自我を没却し、もって神の慈悲心に同化して、伝統を尊び、人心の開発もしくは救済に力を尽くすことであります。これによりて、はじめて自己の生存及び発達が完成さるるのであります。（二四三頁）

(177) 神の心を体得し実行することが、神に対する真の信仰となる

諸聖人の教説及び実行によれば、神の心を体得し且つ実行するのが神に対する真の信仰となっておるのであります。しかるに従来実際社会に行われたるところのいわゆる信仰は神を礼拝もしくは祈禱《きとう》することがその主になっておるのであります。すなわち神に対して幸福を与えられんことを要求するのでありま す。それ故に、従来の信仰は普通道徳にすぎないのであります。しかるに諸聖人の教えに従って神の心を体得し且つ実行することは、すなわち最高道徳に当

たるのであります。(二四五頁)

(178) **最高道徳の実行の象徴としては、神の恵みを感謝することである**

最高道徳の実行の象徴《シンボル》としては、朝夕必ず神〈本体〉を礼拝し、その厚き恵みを感謝し、併せて伝統の恩を謝し、更に近親朋友《ほうゆう》はもちろん、あらゆる人々の幸福を祈るのであります。且つ自己と特に関係ある人々の中において疾病に罹《かか》れるもののためには、精神的且つ物質的犠牲を神に捧《ささ》げてこれが快癒《かいゆ》を祈るのであります。(二四九頁)

(179) **最高道徳では神を礼拝する方法に重きを置かない**

最高道徳においては、神の本質を慈悲〈知識を含む〉と認めておるのでありますから、かくてその慈悲は人間に対して発現さるるのが当然でありますから、私どもが神に対する信仰・尊敬及び祈禱の意思表示は、一般人間の安心及び幸福を実現することをもって標準といたすのであります。それ故に、最高道徳にては神を礼拝する方法に重きを置かず、その方法は自由にして一定の儀式はないのです。故に、たといいかなる民族もしくは宗教の慣習に従ってこれを行うも差し支えありませぬ。（二五一頁）

(180) **神への礼拝は、他人の妨げにならないことを心がける**

神を礼拝する目的は、神の心〈慈悲〉を体得し且つ実行するということを誓うのでありますから、これを行う場合、他人の妨げにならぬことを専一とすべきです。たとえば、他人の眠りたる所、病人の寝所もしくは神を好まぬ人のおる所にて故意に拍手礼拝するがごときは、神を礼拝する根本精神より見て最も排斥すべきことであります。（二五一～二五二頁）

(181)

最高道徳における礼拝では、自分のことはいっさい祈願しない

真の最高道徳の礼拝はまず神に感謝し、次に自己の精神及び行為の改造を誓い、次に国の伝統及び家の伝統の幸福を願い、次に世界の平和を願い、次に最高道徳の伝統及びその実行者の仲間の幸福を願い、万一、伝統の先輩もしくは最高道徳の実行者の仲間に故障あるときには、その回復を願い、自己に故障あれば自己の精神及び行為の改造を誓い、且つ故障の有無にかかわらず、すべて人心の開発もしくは救済に対して更にいっそうの努力をいたしますということを心の底より誓うのであります。かくて自分のことはいっさい祈願せぬのであります。（二五三〜二五四頁）

(182)

他人の幸福のみを祈る心が出来て、はじめて真に救済される

私〔廣池千九郎〕のごときは年来、常に諸伝統の主体及び先輩に対し、自己の精神的子供に対し、且つ一般の人々に対して、その安全と幸福とを祈るほか、自分のことを祈ったことはありませぬ。ただ自分としては慈悲の足らぬことを懺悔《ざんげ》するのみであります。かくのごとく、何人《なんぴと》にても自分を措《お》いて専心他人の幸福のみを祈る心が出来て、はじめてその人は最高道徳に真に救済された人であります。しこうして他人の親となり、伝統の系列に入る資格が出来たのであります。この礼拝の精神がすなわちその人の日常生活の一切を支配する精神となりて、はじめてその人の健康も長命も開運も出来るのであります。（二五四頁）

⒀ **神の守護を受ける方法は、他人の精神開発に尽力することにある**

神の守護を受くる方法は、すべて最高道徳の原理を体得し且つ実行し、特に国家的伝統・肉体的伝統(注)及び精神的伝統を尊重し、その精神を他人の精神に移植し、もって他人の精神開発をなすことに尽力することにあるのであります。かくのごとくにして、その幸福がはじめて自己に回《めぐ》り来たるのであります。

（三八〇頁）

（注）肉体的伝統

肉体的伝統とは自己の「いのち」を養育する伝統であり、主に家の伝統（自己の生命の源であり、家庭生活の恩人である父母・祖先、養育の親）を指しますが、生命を守護されるという意味から、国の伝統を含めて使われる場合もあります。

7 義務先行

一、権利と義務を考える

(184)
権利や幸福は義務を先行することによって実現する

聖人の教説及び実行によれば、私どもの生命・財産及び自由は神の所有でありまます。(中略)私どもはこれを放縦的に使用せる故に、解脱《げだつ》とか贖罪《しょくざい》とかの必要が起こったので、ここをもって私どもの一切の権利もしくは幸福は、自らその義務を先行するよりほかに方法なきことに帰するのであります。(一四一頁)

(185)
義務は道徳・本分や責任の意味を含む

人間の権利発生の原因は人間の道徳行為もしくはその本分の実行によりて出来るのであります。故に義務先行説にいわゆる義務という語は道徳・本分もし

くは責任というような意味を併せ含んでおるのであります。（一四五頁）

(186) **権利は義務遂行の結果であり、与えられるものである**

義務先行説の原理から見れば、人間の権利はすべて義務遂行の結果であって、これは与えらるべきものであって、取るべきものではないのであります。（一五〇～一五一頁）

二、義務先行の意義

(187) **義務先行説は科学的に合理的な原理である**

義務先行説は真に宇宙の真理に淵源《えんげん》し、且つ人類の実生活上の事実を帰納せ

る結果より生じたる法律上及び道徳上の根本原理でありますから、科学的に見て合理的のものであります。（一五〇頁）

(188) **幸福の多少は義務の質・量とその実行期間の長短に基づく**

義務先行の一面の原理より推考すれば、義務の質と、量と、その実行期間の継続の長短とは、人間の人格及び権利の等級を定むる標準となるのでありますから、幸福の多少も、みなこれに基づくのであります。（一六七頁）

(189) **義務先行の累積による権利を潜在的に保有すれば積善の家となる**

義務実行の累積が権利となり、権利を累積して行使せずに潜在的に保有するときには、いわゆる積善の家となるのであります。（一六九頁）

(190) **犠牲の質・量及びその努力の時間の長短によって幸福の差が生ずる**

今日の時代においては各個人の大なる義務すなわち犠牲の質の良否、量の多少及びその犠牲的努力の時間の長短によりて、各人の権利及びその徳に大小を生じ、ついに積善と積不善と及びその中間位との家を生じて、各個人間における幸福の差を生ずるのであります。（一六九頁）

三、忠誠努力について

(191) **忠誠努力する結果は、おのずから権利として与えられる**

最高道徳においては自分のことにも、他人のことにも、忠誠に努力します。しかしながら、有形もしくは無形の報酬を要求せぬということであります。か

くのごとく要求せずとも、人間の忠誠努力の結果は必ずおのずから権利として与えらるるに至るのであります。（一五一頁）

(192) **忠誠努力が足らなければ、権利は生じない**

自己が忠誠努力してもこれに対する権利が与えられぬとしたならば、それはむしろ自己の忠誠努力がいまだ具体的に権利を生ずるほどになっておらぬのであります。（一五一頁）

8
伝統報恩（伝統尊重）

一、伝統について

(193) **最高道徳における「伝統」は、一つの系列の総称である**

最高道徳にて「伝統」と申しますのは、神〈本体〉及び聖人より直接にその精神を受け継ぎておるところの一つの系列の総称であります。いまこれによれば、伝統とはわれわれ人類の肉体的及び精神的生活を創造し、もしくは進化せしむるところの純粋正統の系列を指すのであります。故に、これは重大なる人間社会の根本的法則であります。かくてこの系列に属する先行者全部はわれわれ人類の生活の根本を成すものでありますから、実に人類に対する大恩恵者であります。（二六一頁）

(194) **日本皇室の万世一系は、御祖先の御実行と御歴代の御聖徳の卓越性とによる**

日本の皇室が万世一系であらせらるるということは、その御祖先の最高道徳の御実行と御歴代の御聖徳の卓越性とによることであって、その因果の関係は極めて合理的であります。（一五二頁）

(195) **真の君主とは、肉身の親と同じく、真の慈悲心をもって人民を愛するものである**

肉体的及び精神的伝統を兼ぬるというものは国家伝統であって、すなわち国の親であります。（中略）およそ真の君主というは、全く肉身の親と同じく、真の慈悲心をもって人民を愛するものであって、終始その国民とともにその過程を同じくして、今日まで存在し且つ今後永久に存在し得る可能性を有するものに限るのであります。この意味において日本の皇室のみが理想的であらせら

るるのです。（二六五頁）

(196)**家族団体は人間社会の基礎を成している**

人間の生存・発達及び幸福の第一根本原理は人間の生殖本能・飲食本能及び群居本能に基づきて、家族を構成せし点にあるのであります。故にこの家族団体は人間社会の基礎を成しておるので、将来、人類にたといいかなる場合あるも、この団体の破壊することはないのであります。しこうしてこの家族団の発展して究極に達せるものがいわゆる国家であるのです。（三〇二頁）

(197)**人類の幸福上、国家団は家族団より更に重要である**

人類発達の歴史より見れば、人類の幸福上、今日においては国家団は家族団より更に重要であるのです。故に国家伝統は肉体伝統より更に尊重すべき理由を存しておるのであります。（中略）宗教家・哲学者・社会主義者などの間において人類の将来に黄金世界の現出する場合ありて、世界的王国の建設さるる日あり、かくて人類はその王国のために支配さるるに至るべしと信ぜしものありしは、全く現代の科学の原理を知らざりし結果にして、一つの空想にすぎなかったのであります。（三〇三頁）

(198) **幸福享受の完成は、国家の完成によってはじめて生ずる**

私どもの幸福享受の完成は主権を有する国家の完成によりてはじめて生ずるのであります。故に私どもは特にこの国家及び国家の主権者を尊重する義務があるのみならず、自己の生存上その必要があるのです。（三七九頁）

二、伝統報恩の原理

(199) **伝統に対する報恩の第一は、公明正大な自然的道徳法である**

伝統に対する報恩の原理の第一は、万物がこの宇宙間に現出し、われわれ人間がその中に生まれ出《い》で、かくて生物の法則により、旧は新を育て、新は旧を養い、漸次にこの宇宙を開拓するところの事実すなわち真理、更に換言すれば、人間が天《てん》功《こう》《かみのはたらき》を助くるところの宇宙間の系列の一員としての義務を尽くさねばならぬという事実を大悟し、しこうしてその真理大悟の結果として、その根本を培養せんと欲するに至るところの人間社会における公明正大なる自然的道徳法であります。（二七〇頁）

(200) **伝統に対する報恩の第二は、世界諸聖人の苦労に対する感謝の表現である**

伝統に対する報恩の原理の第二は、世界諸聖人及びその伝統を継げる人々の苦労に対する感謝の表現であります。（中略）諸聖人及びその精神を継承せる準聖人以下の系列の苦労は利己のために狂奔しつつあるところの一般人の苦労とはその種類を異にしておるのであります。されば、この伝統の系列にある人々の苦労に対して感激の情の起こる人にして、はじめて伝統に対する報恩の実行が出来るのであります。（二七二〜二七三頁）

三、伝統報恩の意義

(201) 伝統の慈悲の精神を着る

上位における人の命令がたとい多少不合理であり且つ自己に必要なくとも、伝統の原理を重んじ、その深き慈悲心を感謝して、その命に従うべきであります。たとえば「寒いから着物を着よ」といわるるときは、たとい寒くなくとも着物を着るべきです。すなわちかかる場合には、着物を着るのではなくして、その伝統の慈悲の精神を着るのであって、これが最高道徳に当たるのであり、すなわち神の心に適《かな》うのであります。(三三三頁)

(202) **伝統や恩人の心を安んずる心のない人は、慈悲心の欠けた人である**

伝統の人々や恩人に対して及ぶだけその心を安んずるようにする心なくして、ただ単に形式的にこれに対して尊敬を払うごときものは慈悲心の欠けたる普通道徳の人にすぎぬのであります。（九四頁）

(203) **伝統の苦心を察しない人は信頼するに足らない**

伝統に対して報告すべきことをも報告せずして伝統の心配を顧みず、あるいは仲間同士相争うて伝統の苦心を察せぬごときは、慈悲心なき一の知的道徳の人であるので信頼するに足らぬ人であります。（九四頁）

(204) **伝統の心を配慮しない行為は、最も慈悲心のない状態を表している**

些々《ささ》たる小事を報告して伝統の心を痛ましむるは慈悲のなき証《あかし》であります。

また、伝統の疲労・疾病《しっぺい》・休息・安眠・食事等のときに当たり、みだりにこれを妨ぐるごときは、最も慈悲心なき人の行為たることを表しておるのでありま す。（九四頁）

(205) **伝統尊重の本質的原則は、その道徳的努力の結果を尊重する**

伝統尊重の観念は最高道徳においてはじめて存在するものであるのです。すなわちいわゆる伝統尊重の本質的原則は人間の経験・知識・財産・地位・腕力・権力・自己の保存に対する努力・苦労もしくはその結果等を尊重するにあらずして、聖人の教えに基づくところの人間の道徳的努力の結果を尊重するのでございます。（二六二頁）

(206) **伝統尊重の原理は神の慈悲心の唯一の表現である**

伝統尊重の原理は最高道徳の実質の核心を成すところの神の慈悲心の唯一の表現であるのです。かくて、これを人間の内界に求むれば慈悲の精神であり、実行に現せば伝統の尊重となるのであります。しこうして私どもが他人の精神を開発もしくは救済するところの唯一の資料であるのです。（二七一頁）

(207) **自己と伝統との間に故障の起こるときには、その責任を自己に反省する**

万一自己と伝統との間に故障の起こることとあれば、その故障の責任を自己に反省して、更に至誠をもって伝統を尊重して進むのであります。故にその精神と仕事とが全く神及び聖人のそれと同一になるのであります。されば、その事業は年とともに偉大となり、自己の品性はますます完成せられ、自己の幸福は求めずして来たることとなるのであります。（二七一頁）

(208)

伝統報恩の原理は、人類の精神的及び物質的生活の法則である

伝統の原理及び伝統に対する報恩の原理は、聖人がこの宇宙の秩序的に統一されておるところの法則を取りて、これを人類の精神的及び物質的生活の法則となしたものであるのです。すなわちその個人の安心の法則及びその人類社会の秩序的に統一されてその人類の真の永久的幸福の実現さるるところの法則を示されたものであるのです。故に、この原理を体得してこの法則に従う者は、その運命、永久性と末弘《すえひろ》性とを帯びてその子孫に至るまで繁栄し、その自己の内面的及び外面的生活はともに賑《にぎや》かにして（人望ありて栄ゆる貌《かたち》）且つ審美性を帯ぶるのであります。（二七六頁）

(209)

伝統の原理は、古聖人がその大慈悲心をもって発せられた教訓である

現代の世界は、（中略）その文明的民族といえどもいまだ真の社会的組織を成し遂げておるものといい得ぬのであります。されば、この伝統に関する一切の原理及び法則は、古聖人が人類の安心及び幸福享受のためにその大慈悲心をもって発せられたるところの教訓であって、個人の最高品性の真の完成及び人類社会の真の完成に到達するところの原理および法則であるのです。（二七七頁）

(210) **伝統の大恩を忘れることは、全く禽獣にも劣るものである**

すべて人間として、平素、国の伝統でも、家の伝統でも、もしくは精神伝統でも、その主体たる人々に愛育されながら、緩急《かんきゅう》〔危急の場合〕のときに当たり、これに対してその大恩を忘るることあらば、それは全く禽獣《きんじゅう》〔鳥や獣〕にも劣るものでありましょう。（二九七頁）

(211) **伝統の原理の教育は、人類の生存・発達及び幸福の実現となる**

人類の生存・発達及び幸福は社会及び国家の統治の完成によりてはじめて得らるるものであって、そのいわゆる統治は秩序及び統一の実現によって出来るのであります。（中略）伝統の原理の教育の完成は秩序及び統一の実現となり、秩序及び統一の実現は国家統治の完成となり、国家統治の完成は人類の生存・発達及び幸福の実現となるのであります。（二〇八頁）

(212) **伝統尊重の原理は、道徳の実行とその結果の法則を尊重するにある**

伝統尊重の原理は道徳ことに最高道徳の実行の原因とその結果との関係における自然の法則を尊重するにありて、いたずらに一時外形に現れたるところのある個人の偉大なる力と徳とを尊敬して、その道徳の程度及びその事業の終局の結果のいかんをも問わざるごとき浅薄なる思想の表現ではないのでありま

す。（三一二頁）

(213) 伝統尊重の原理を体得した人は、精神的伝統の系列に列するを得る

これ〔伝統尊重の原理〕を皮相より見れば迂遠《うえん》のごとくなれど、これ事物建設の根本的方法にして、自他精神の安泰、永久平和の実現の要諦《ようてい》《かなめなるみち》であるのです。故に、もしわれわれがひとたびかかる深遠なる原理を体得して、至誠且つ慈悲の精神となり最高品性を形造り、これをもって人心の開発もしくは救済をなすに至らば、自己またおのずから一つの精神的伝統の系列に列するを得、ついに具体的に自己及び自己の子孫永久の幸福を享受するに至るのであります。

（三一三頁）

(214)
最高道徳の原理を体得すれば、親に対して不平・怨恨等の心を生ずることはない

ひとたびモラロジーにおいて説くところの最高道徳の原理を体得して、神を信じ、聖人の教えに従わんとする精神が起こったならば、たといいかなる事あるも、親に対して不平・怨恨等の心を生ずることはないのであります。これがすなわち因襲的道徳におけるいわゆる孝行と、今回最高道徳におけるいわゆる家の伝統の原理との相違であります。（三四四頁）

(215)
精神の開発の標準は、伝統に対する理解の程度と奉仕の状態とにある

私ども人間の国家的・肉体的及び精神的伝統に対する尊重の観念は、私どもの最高理性と最高品性との発現の結果なれば、およそ人間が最高道徳によりて真に開発されておるかおらぬかの標準は、この伝統に対するその人の理解の程

度と奉仕の状態とにあると申してよろしいのであります。（三八四頁）

(216) **伝統の原理が制度的に解釈される場合には、大なる弊害を醸し出す**

伝統の原理が一般人に対して精神的に解釈されずして、制度的に解釈さるる場合には、たちまちにして大なる弊害を醸《かも》し出して、団体もしくは国家の内部に罅隙《かげき》〔すきま〕を生ずるに至るのであります。（四〇八頁）

四、伝統報恩の方法

(217) **すべての境遇を伝統の賜として感謝するものが、真の幸福に至る**

自己の運命を他人の行為に帰して不平もしくは反抗の態度に出《い》ずるものは生

涯幸福を得ることなくして終わり、これに反し、すべての境遇を自己の各伝統〈神・君主・父母・聖人その他の恩人〉の賜《たまもの》として、満足し且つ感謝しつつ努力するものが、ついに必ず真の幸福に至るのであります。（一七五頁）

(218) **伝統の原理より出ずる報恩は、全く従来と異なって平和的である**

世界の平和も、人類の幸福も、みなこの伝統尊重の実現から発するといい得るのであります。ここをもって、その伝統の原理より出《い》ずるところの報恩の方法は全く従来の忠孝実行の方法と異なりて平和的であるのです。（二七一頁）

(219) **伝統における報恩は、伝統の前系列にある人々の苦労に対する報恩である**

伝統における報恩は、出生もしくは養育というがごとき私的関係で父母及び祖先を尊重するのでもなく、爵位・位階もしくは俸給等を受けておるから忠をなすのでもないのであります。（一）国家を建設し、しこうして国民を安定し、（二）家を創立し、維持し、もしくは盛大にして、子孫を安定し、（三）人間の精神を開発もしくは救済して、人間に安心立命を与えたいという公平にして且つ偉大なる伝統の前系列にある人々の苦労に対する報恩であるのです。されば、この意味を体得して報恩をなす人の精神と、単に自己が世話を受けたというだけの精神にてある人を恩人とするのとは、その差、実に大なるものがありましょう。この新旧両原理の差を理解するということが真の品性を造る根本的基礎になるのであります。（二七三〜二七四頁）

五、伝統報恩の効果

(220)
伝統尊重の観念は、人間の品性にあらゆる美徳を生じさせる

人間ひとたび伝統尊重の観念が出来るときには、たちまちにしてその人の品性は慈悲・温和・服従・犠牲・正義及び公平等のあらゆる美徳を具備するに至るのであります。故にその人及びその人の身辺は秩序・統一・平和・安心及び幸福をもって満たさるるのであります。これその理由はその根元を神に有しておりますから、神の精神が伝わってきておるとも申すことが出来るのでありましょう。故にその結果として、かくのごとくに神及び神の世界に近いものを現出するのであります。(三八一頁)

⑵21

伝統と離れずに進む人は、途中にいかなる困難あるも、ついに最後の幸福に到達する

最高道徳の伝統は神〈本体〉にその淵源《えんげん》を発しておりまして、その神をもってあらゆる万物の根元と認めておるのであります。たとえば、植物に強固なる根ありて幹・枝・葉・花もしくは実の栄ゆるのと同一であると認めておるのであります。故に伝統はこれを人間の精神的及び物質的生活の根元と見なすべきものであります。故にいかなる場合においても、この根元と離れずして進みしものは、たとい途中にいかなる困難あるも、ついに最後の幸福に到達するのであります。（三八二頁）

六、孝行について

(222) **孝行するものは必ず出世する(廣池千九郎の母の教え)**

私〔廣池千九郎〕の母〈りえ子〉はまことに愚かな婦人でありましたれど、私の幼少のときから家庭における唯一の教訓は、親孝行をせよと申すことでありました。その母の言葉の大略を挙ぐれば「汝《なんじ》は親に孝行せよ、孝行するものに悪いことをするものはない。且つ他人に親切を尽くさぬものはない。故に孝行するものは必ず出世する」という意味でありました。(三四四頁)

(223) **「樹、静まらんと欲すれども風止まず。子、養わんと欲すれども親待たず」**

私は徳足らずして形の上にはかつて一度も父母の命に背きしことなく、いささか安心を与えたれど、しかしときどき父母の言うこと、行うことにつきて私は心の中に不平・怨恨を懐《いだ》くことがありました。かくて父母すでに没せられて後に至り、はじめて当該伝統の真理を悟らせていただきました結果、改めて新たに父母の大恩を思うに至ったのであります。しかるに、時すでに遅くしてその孝養が精神的に全からざりしことを悔いざるを得ないのであります。『韓詩《かんし》外伝《がいでん》』〈巻九〉に「樹《き》、静《しず》まらんと欲《ほっ》すれども風止《や》まず。子《こ》、養わんと欲すれども親待《ま》たず」という教訓があります。私の後悔は実にここにあるのです。さればこそ、いまや世界の人々にこの伝統の真理を悟っていただいて、真の孝行を実行せられんことを勧め、かくして間接に世界一般の老人に安心を与え、いささか父母に対する大恩の万分の一を報ぜんことを心掛けておる次第であります。

（三四四〜三四五頁）

(224)

他の兄弟姉妹と睦じくしなければ、父母に対する真の孝にはならない

一家の中にて、父母を安心さするためには他の兄弟姉妹と睦《むつま》じくして、その劣れるものには保護を与えねば父母に対して真の孝にはならぬのであります。

(四一八〜四一九頁)

9　幸福の実現について

(225) **万世不朽の幸福は人心開発救済への努力による**

万世不朽の幸福を得るということは、更に進んで自己の精神及び行動を他人の精神に移植するところの事業すなわち人心の開発もしくは救済に向かって、直接〈精神的〉もしくは間接〈物質的〉に努力するにあるのです。（八七頁）

(226) **幸福の基礎はその人格と権利の程度に応じて定まる**

およそ人間の生存・発達及び幸福の基礎はその人格及び権利の程度に応じて定まるものであるのです。故に人間の幸福上第一の要件はその人格及び権利の程度を高むるにあるのです。（一三二頁）

(227) **文明の進歩に伴って道徳も進歩しなければならない**

社会の文明がしだいに進むに伴うて、道徳が進まねば、真の幸福が来たらぬ

のであります。（一六八頁）

(228) **人類の幸福享受の完成は、その国家組織の完成に伴う**

人類社会の中にてこの家族団体と国家団体とは真に人類の生存・発達及び幸福希求の自然の結果として、人類の精神的及び形体的全部の結合より形成されたるものであるので、他の団体のごとくにある一条件もしくは数条件の下に結合されたるものでないのであります。（中略）しこうして人類幸福享受の完成は、その国家組織の完成に伴うものであります。（三〇二頁）

(229) **人間の最大幸福は最高道徳の実行によって得られる**

人間の最大幸福は最高道徳の実行によりて得らるるものであって、何の神を信じ、何の教えを奉じておるというので幸福になるのではないのです。（三八七頁）

(230)

世界の人心に一日の安定もないのは、伝統の念も報恩の念も失われたためである

現代いずれの国においても、政治問題・家庭の不和問題・労働問題もしくは小作問題等をはじめとして、あらゆる問題は紛擾《ふんじょう》を重ねつつありて、世界の人心に一日の安定なきは何故でありましょうか。これは人知ようやく発達せる結果、これに伴う道徳の教えこれなく、その局に当たるべき教育家も、宗教家も、みな自己の利益のほか、何物をも考えぬようになり、ただ眼前の感情と利害とのみによりて一切の事を処置して進む結果であって、伝統の念も報恩の念も失われたためであります。(四〇七頁)

索引

〈あ〉

(65) 相手が最高道徳の実行者でない場合の……60
(133) 相手方が愚劣・暴悪であれば、正義を標榜…107
(134) 相手方が甚だしく不正な場合は破邪顕正…107
(81) 相手方が不道徳な場合も、慈悲寛大の心…70
(82) 相手方が不道徳のときは、その相手方が…70
(35) いかなることにも自己に反省し、自己の…43
(36) 一切の行為は義務先行的でなければ……44
(48) 一切の道徳的行為は自己の贖罪のため……50
(155) 一切の問題を人間の慈悲心に訴えれば……117
(154) 一視同仁の大慈悲心こそ真の勇気の根元…116
(14) 因襲的道徳（普通道徳）における感謝・奉仕…27
(108) 因襲的道徳（普通道徳）における服従は、…89
(83) 上の人が下の人に諛びるようでは、末……71
(115) 上の人は下の人の総意を尊重して服従……95
(119) 宇宙的正義とは自我を没却して神の慈悲…100
(120) 宇宙的正義の精神と行動が大なる好果を…100
(117) 宇宙的正義は人間的正義よりもはるかに…98
(118) 宇宙と人間社会の目的は正義の実現に……99

〈か〉

(66) 科学の原理だけで一切を説明できない……60
(3) 学力・知力・体力・金力・権力のみでは…19
(196) 家族団体は人間社会の基礎を成している…150
(93) 我慢心の強い人は、他人の注意を無視……80
(92) 我慢とは自我の主張の甚だ強いことを表す 79
(76) 神・因果律を確信できなければ、無報酬…67
(168) 神及びその力を人間に開示し、これを……128

(170) 神に関する観念は、これを人格的に見る…130
(177) 神の心を体得し実行することが、神に……135
(183) 神の守護を受ける方法は、他人の精神……139
(127) 神の本質をもって正義及び慈悲となす……104
(180) 神への礼拝は、他人の妨げにならない……137
(173) 神を信ずることは宗教の専有ではない……133
(176) 神を信ずるということは、宇宙の因果律…134
(174) 神を信ずるということは、道徳を実行……133
(64) 感謝して運命改善に努力することが最高…59
(223) 「樹、静まらんと欲すれども風止まず。……168
(190) 犠牲の質・量及びその努力の時間の長短…145
(4) 「喜怒色に現さず」は無効な行動である…19
(187) 義務先行説は科学的に合理的な原理である 143
(189) 義務先行の累積による権利を潜在的に……144
(185) 義務は道徳・本分や責任の意味を含む……142
(41) 競争の余地があるのは、道徳の実行のみ…47
(63) 現在における自己の運命は自己一人で負う 59
(5) 現代人の大部分は自然の法則を軽んじ、…20
(186) 権利は義務遂行の結果であり、与えられ…143
(184) 権利や幸福は義務を先行することに……142
(17) 好悪をもって行動することは道徳的では…30
(222) 孝行するものは必ず出世する…………168
(188) 幸福の多少は義務の質・量とその実行……144
(198) 幸福享受の完成は、国家の完成によって…151
(226) 幸福の基礎はその人格と権利の程度に……172

〈さ〉

(72) 最高道徳実行者には精神的子孫が出来る…65
(71) 最高道徳実行者の成功と幸福は疑いがない 64
(151) 最高道徳的慈悲心を扶植する事業は、……115
(144) 最高道徳的精神と行動は慈悲心より派生…112
(135) 最高道徳的品性を造る方法は、慈悲に……108
(37) 最高道徳では、いかなる場合も他人の……45

(179) 最高道徳では神を礼拝する方法に重きを…… 136
(153) 最高道徳では、慈悲心・利他心から出発…… 116
(18) 最高道徳では人間の精神のみを改めさせる 31
(110) 最高道徳では報恩もしくは救済の精神…… 91
(58) 最高道徳においては、急な改革を行わない 56
(131) 最高道徳における正義実現の方法は、…… 106
(109) 最高道徳における絶対服従は、いかなる…… 90
(193) 最高道徳における「伝統」は、一つの系列…… 148
(181) 最高道徳における礼拝では、自分のこと…… 138
(43) 最高道徳に関する知識はみな生命を含蓄…… 48
(214) 最高道徳の原理を体得すれば、親に対し…… 162
(44) 最高道徳の実行者は生存競争の最後の…… 49
(178) 最高道徳の実行の象徴としては、神の恵…… 136
(68) 最高道徳の実行は大きな利益をもたらす…… 62
(33) 最高道徳の実行は、真の正義と慈悲を…… 42
(40) 最高道徳の実行は「天爵を享受する」ため…… 46
(42) 最高道徳の実行はモラロジーの生命…… 47
(56) 最高道徳の精神を漸次に加える…… 55
(29) 最高道徳の動機・目的は自己の最高品性…… 40
(130) 最高道徳の目的は正義の実現であり、…… 106
(70) 最高道徳は、いかなる時代・社会において…… 64
(55) 最高道徳は必ずその実行を必要とする…… 54
(50) 最高道徳は自分の苦労の結果を他人に…… 51
(31) 最高道徳は自己の利益獲得を目的としない 41
(52) 最高道徳はすべての人間に真正な人格…… 52
(20) 最高道徳は精神的に実行するもの…… 32
(51) 最高道徳は秩序尊重の精神と行為に…… 52
(22) 最高道徳は独立独行を尊ぶ…… 33
(54) 最高道徳は福を神より享ける道徳…… 54
(73) 最高道徳を実行すれば老人や長上から…… 66
(19) 最高道徳を理解すれば、愉快・円満な生活…… 31
(87) 自我があれば真の慈悲心は出来ない…… 76
(89) 自我が強く、慈悲心のない人は、すべての…… 77
(88) 自我の存在するときには、何事にも直ちに…… 77

(100)自我の没却が自己の品性及び開運の根本…84
(104)自我の没却は諸々の善果をもたらす………87
(94)自我没却が最高道徳への入門となる………80
(97)自我没却とは、自然の法則に適合する……82
(98)自我没却とは、みだりに頭を下げよとか…83
(99)自我没却なくして最高道徳の実行は………83
(106)自我没却によって更に大きな自由と権利…88
(101)自我没却の原理は、運命を開く原因の……84
(95)自我没却の方法は、伝統に服従し、人心…81
(96)自我没却は、幸福享受における重大な……81
(105)自我を没却した人が偉大な人格者となり…87
(107)自我を没却すれば、心は平和となり、……89
(207)自己と伝統との間に故障の起こるとき……157
(23)自己の運命が描くては、いかなる事業も…34
(62)自己の運命の全責任を負う………………58
(8)自己の健康・長寿・開運等は、ある程度…22
(102)自己の正当防衛・真理擁護のためには、…85
(39)自己の努力の結果として神様より天爵を…46
(6)自己保存の精神による人間の行動及び……21
(171)自身が神と同じ慈悲を有すると考える……131
(13)思想悪化の根本原因は、従来の忠・孝……26
(53)疾病・大困難に遭遇した際の廣池千九郎…53
(140)慈悲・仁・愛の実質上に一貫する原理を…110
(145)慈悲心に立脚しない道徳的行為は、人間…112
(150)慈悲心のない人の集団は、平和な気分が…114
(148)慈悲心のない人は、一切の事において……114
(149)慈悲心のない人は、自己のことのみを……114
(143)慈悲心は因襲的道徳(普通道徳)の中には…111
(142)慈悲心は自我を捨てた精神内に生まれ……111
(147)慈悲心を体得する人は、相手の精神を……113
(141)慈悲の有無と浅深が品性の標準となる……110
(137)慈悲は「アワレム」の意味を有す…………109
(139)慈悲は「仁」「愛」と原理を同じくする …110
(157)慈悲は、他人の欠陥を自分が補充しよう…118

(162) 釈迦が聖人として尊崇される理由……………124
(24) 従業員には品性の善いものを集める………34
(25) 従業員を道徳的に教育しなければ内部の…35
(12) 従来の愛国の思想は、常に国際間に………25
(34) 贖罪のためという消極的精神で行う………43
(26) 処世法の根本原理は高き品性を造ること…35
(46) 人心開発救済への努力を惜しまぬ精神……49
(195) 真の君主とは、肉身の親と同じく、真の…149
(152) 真の慈悲心の完成は、真の最高道徳的……115
(169) 真の人格形成には聖人の教えを必要と……129
(156) 真の平和は必ず人間の慈悲心をその基礎…117
(122) 人物の考査は正義を標準とする……………101
(172) 森羅万象一切を神の肉体の一部分として…132
(49) 人類の行動は自然の法則に支配される……51
(228) 人類の幸福享受の完成は、その国家組織…173
(197) 人類の幸福上、国家団は家族団より更に…150
(78) 少しばかりの最高道徳と犠牲では過去の…68
(217) すべての境遇を伝統の賜として感謝する…163
(132) 正義実現の方法を慈悲に取るのが聖人の…106
(125) 正義によって対立すれば必ず衝突する……103
(116) 正義は大自然の神の法則である……………98
(136) 「正義」は道徳帰着の理想を意味し、……108
(21) 精神が最高道徳的に鍛錬されれば、………32
(16) 精神作用の累積は自己自身と事業に影響…30
(91) 精神的欲望は、物質的欲望の原動力で……78
(215) 精神の開発の標準は、伝統に対する理解…162
(166) 聖人の教えは、苦労の結果を他人や社会…127
(163) 聖人の精神と行いとを併有しなければ……125
(167) 聖人の品性の力は、人間の信仰を惹き……128
(165) 聖人は「意なく必なく固なく我なし」……126
(128) 聖人は正義と慈悲とを道徳の根本精神と…105
(164) 聖人は、人間をして小我を捨てて大我に…125
(230) 世界の人心に一日の安定もないのは、……174
(112) 絶対服従的信念によって自己の安心立命…93

(69) 率先して最高道徳を実行する人は、…………63

〈た〉

(75) 他人の争いには中立を守る………………67
(146) 他人の依頼・命令を閑却することは、……113
(60) 他人の欠陥を補充することが最高道徳の…57
(182) 他人の幸福のみを祈る心が出来て、………138
(47) 他人への犠牲的行為は自分を助けるもの…50
(224) 他の兄弟姉妹と睦じくしなければ、父母…170
(158) 他の不足分を喜んで補充するという慈悲…118
(192) 忠誠努力が足らなければ、権利は生じない146
(191) 忠誠努力する結果は、おのずから権利と…145
(129) 中道とは三毒を解脱して人心救済をなす…105
(80) 程度を超えた犠牲的努力は真の幸福を……69
(123) 出来るだけ努力するのが宇宙的正義に……102
(230) 伝統尊重の観念は、人間の品性に…………166
(206) 伝統尊重の原理は神の慈悲心の唯一の……157
(212) 伝統尊重の原理は、道徳の実行とその……160
(213) 伝統尊重の原理を体得した人は、精神的…161
(205) 伝統尊重の本質的原則は、その道徳的……156
(221) 伝統と離れずに進む人は、途中に…………167
(219) 伝統における報恩は、伝統の前系列に……164
(199) 伝統に対する報恩の第一は、公明正大な…152
(200) 伝統に対する報恩の第二は、世界諸聖人…153
(28) 伝統の観念なき団体はみな紛擾を極めて…37
(203) 伝統の苦心を察しない人は信頼するに……155
(216) 伝統の原理が制度的に解釈される場合……163
(211) 伝統の原理の教育は、人類の生存・発達…160
(209) 伝統の原理は、古聖人がその大慈悲心を…158
(218) 伝統の原理より出ずる報恩は、全く従来と…164
(204) 伝統の心を配慮しない行為は、最も慈悲…155
(201) 伝統の慈悲の精神を着る…………………154
(210) 伝統の大恩を忘れることは、全く禽獣に…159

(208) 伝統報恩の原理は、人類の精神的及び…… 158
(202) 伝統や恩人の心を安んずる心のない人は… 155
(113) 道徳行為はみな服従心・服従の行為に…… 93
(32) 道徳実行の結果を神に捧げる………… 42
(30) 道徳実行の動機・目的は自己の贖罪に…… 41
(67) 道徳実行の善報酬は道徳実行者に与え…… 62
(74) 道徳的に欠陥あるものとの関係は持たない 66
(77) 道徳を知的に行う人には真の安心がない… 68
(111) ともに最高道徳の実行者ならば、相互に… 92

〈な〉

(90) 何事にも軽率、不親切で周到の注意を…… 78
(175) 日常生活をすべて神の法則に依拠して…… 134
(194) 日本皇室の万世一系は、御祖先の御実行… 149
(84) 人間の最高品性の形成は、まず自己より… 71
(229) 人間の最大幸福は最高道徳の実行に…… 173
(161) 人間の精神・肉体及び運命は大自然の…… 123
(7) 人間の力をもって克つものは他の強力者… 21
(15) 人間の利己心に基づく行動は孤立的で、… 27
(159) 人間は自然界の支配を受けて生存・発達… 122
(57) 人間力の増進を奨励する………… 56
(27) 農・工・商業に従事するものは、関係する… 36

〈は〉

(121) 破邪顕正の方法では平和も幸福も得られ… 101
(225) 万世不朽の幸福は人心開発救済への努力… 172
(85) 品性の向上に従って自己の要求は達せ…… 72
(38) 品性を向上させるには、神の慈悲心に…… 45
(86) 品性を高めずに要求をすることは、木に… 72
(114) 夫婦間に尊重心や服従心がなければ、…… 94
(126) 不正に対して対抗するも、精神作用に…… 103
(1) 普通道徳実行の価値は少ない………… 18

(2) 普通道徳は実行する人の肉体を害する……18
(138) 仏教の慈悲は「抜苦与楽」を意味する……109
(61) 憤怒叱責をしても、心中では常に相手を…58
(227) 文明の進歩に伴って道徳も進歩しなければ 172
(45) 報恩・報酬を相手方に求めない故に品性…49
(9) 本能的に自己の血縁を愛せても、感情や…23

〈ま〉

(79) モラロジーの精神を理解しないで…………69
(160) モラロジーは、大自然の根本法則に合致…122

〈や〉

(59) 勇気がなければ、最高道徳を実行したり…57

〈ら〉

(11) 利己心の弱点は、尊敬すべき恩を忘れ、…24
(10) 利己的精神による道徳は健康・寿命・人望…23
(124) 利己的な人間が考える正義では平和の……102
(103) 老人・病人の看護や小児の保護等は、……85

人生を拓く 廣池千九郎の言葉〈第1集〉
『道徳科学の論文』第七冊に学ぶ

平成20年6月10日　初版第1刷発行
平成21年6月5日　　　　第2刷発行

著者・発行　財団法人 モラロジー研究所
〒277-8654 千葉県柏市光ヶ丘2-1-1
TEL.04-7173-3155（出版部）
http://www.moralogy.jp/

発　　売　学校法人 廣池学園事業部
〒277-8686 千葉県柏市光ヶ丘2-1-1
TEL.04-7173-3158

印　　刷　中沢印刷株式会社

ISBN978-4-89639-155-8